叢書・ウニベルシタス　912

理性への希望

ドイツ啓蒙主義の思想と図像

ヴェルナー・シュナイダース
村井則夫 訳

法政大学出版局

Werner Schneiders
HOFFNUNG AUF VERNUNFT
Aufklärungsphilosophie in Deutschland

This book is published in Japan
by arrangement through The Sakai Agency

序　言

本書の主題は、ドイツ啓蒙主義の哲学である。ここでの考察は、啓蒙に関する現代の議論と近年の啓蒙主義研究のあいだに生じた溝を埋めることに貢献することになるだろう。そのことは、歴史的知識、とりわけドイツの思想的発展に関する知識の不足を補うことで可能となる。この目的に照らして、個々の考察では平易な叙述を心がけた。一般書としてのわかりやすさを保ちながら、なおかつ専門家の期待をも裏切らないというのは、むずかしい課題であった。「労多くして、稔り少なし」と言ったところだろうか。

この論考は、一九八七年十一月十九日に、第一二回ドイツ十八世紀学会で、「ヨーロッパ啓蒙主義——統一と国ごとの多様性」という統一テーマの下で行った公開講演「啓蒙主義哲学」が元となっている。その場に招待してくださった主催者ジークムント・ユットナーとヨッヘン・ショルバハ、および本書の刊行を促してくださったライナー・グリュンターとザビーネ・ゾルフには、この場を借りて衷心より感謝の意を表したい。また、助言と助力を惜しまず協力してくれたクリストフ・ブルックマン、フランク・グルネルト、ヴェロニカ・ライダにも深甚の感謝を捧げたい。

理性への希望◎目次

啓蒙の土地

「啓蒙〔啓蒙主義、啓蒙期〕」（Aufklärung）という言葉はいまもなお、思想を分類するひとつの常套句となっている。その言葉によって想定される事柄や名指された時代は、ドイツで長らく不評であったとはいえ、第二次世界大戦後は、理性の新たな時代を期待する趨勢の中で、啓蒙の埋もれた伝統を再考しようとの気運が高まっている。そうした動きは、流行の最先端を行く政治的・哲学的問題設定の見地からなされることもあれば、歴史的研究の枠内でなされることもある。その間にも、啓蒙に対する熱意は、突飛な期待や現実行動に走る疑似合理主義によって信用を失うこともあれば、新たな思想的・政治的「転換」といった向かい風によって失速することもあった。啓蒙を糾弾するおなじみの反対意見と並んで、啓蒙が招く悲惨さを訴える昔ながらの呪詛がふたたび現れた。啓蒙をめぐるこれらの議論は、「承認と制限」といった公式にまとめられるだろう。「啓蒙は肯定しよう、とはいえ、これまでほど手放しにではなく」、あるいは「啓蒙は承認しよう、とはいえ、これまでほど無制限にではなく」といった具合である。啓蒙の可能性と限界をめぐる抗争——それは根底において啓蒙の本質をめぐる抗争であり、啓蒙の奥深くにまで及んでいる。

啓蒙とは何であるのか。啓蒙とは何であったのか。啓蒙はどうなりうるのか、あるいはどうなるべきなのか。行動としての啓蒙や行動のための綱領《プログラム》としての啓蒙と、歴史的現象や時代の名称としての啓蒙主義が一括りに考えられてしまうのは、やむをえないようだ。記述的・歴史的な問いと、哲学的・体系的ないし規範的・綱領的な問いとが結びつけられ、混同されるのも避けがたいようだ。啓蒙とは当時から今日にいたるまでどのようなものであるのかを問う歴史的な問題設定は、現代と将来における啓蒙の可能性と運命に関する綱領的な問いを前もって規定している。また逆に、啓蒙なるものへの関心、とりわけ啓蒙を成就しようとする意欲が先行して、「啓蒙〔主義〕」の名で呼ばれる時代に対する歴史的な問いが選ばれ、重視されることもある。歴史的現象たる「啓蒙〔主義〕」に対する問いかけが、「啓蒙」の本質をめぐる問いとして立てられ、啓蒙〔主義〕とは根底において本来はどのようなものであったのかと問われた場合に、歴史と本質との関わりはとりわけ顕著になる。啓蒙〔主義〕とは実際のところ、もともとは何であったのか。現実として真なる啓蒙とはどのようなものであったのか。

(一) 啓蒙に関する啓蒙

啓蒙にまつわる現代の議論では、正当化であろうが批判であろうが、啓蒙の定義はおおむね三つの傾向にまとめられる(多くの気の利いた寸評は、ここでは度外視しておこう)。大別すると、宗教的・宗教史的解釈、政治的・社会史的解釈、形而上学的・思想史的解釈である。啓蒙主義者が何にもまして攻撃したのは、(キリスト教的)宗教だったのか、それとも(封建的)社会秩序だったのか、はたまた(客観的)理性的秩序全体だったのだろうか。つまり、啓蒙主義は神からの離叛であったのか、貴族に対する民衆の蜂起だったのか、一切の束縛からの個人の精神的解放であったのか。これら三種の解釈の方向は、各々がそれなりの根拠をもって、啓蒙主義を歴史上の際立って重要な断絶とみなしている。これらの解釈は、どれも啓蒙主義そのものにもとづいており、しかも示し合わせたかのように、啓蒙を何かの否定と理解しているのである。

啓蒙主義の成立期から見られる最古の解釈は、宗教的・神学的解釈であり、ついで宗教史的解釈であったと言えるだろう。それによると、啓蒙主義とは根本的に反キリスト教的で、何よりも無神論的であり、その内容から見れば、自らを過大評価した理性が、宗教――それも、人間の面前に神が現れるとする啓示宗教――に歯向かって、(不当な)反抗を企てたものである。したがって啓蒙主義とは、謙虚な信仰とは異なり、人間の知識の傲慢な自己主張であり、人間理性の賛美であり、人間が自らを絶対視するところに根をもつ。つまるところ、啓蒙主義とは一切の宗教の廃絶であり、無神論の蔓延である。このような解釈においては、当然のことながら、宗教ないしキリスト教についての常識的理解がまず前提され、何らかの規範として絶対化される。そのため無神論や反キリスト教運動は、いずれにせよ人間が自らの本質から逸脱することとして批判される。もとより、こうした解釈に対しては言うべきことが沢山ある。何よりも――宗教批判の是非や評価を別として――まず歴史的に確認しておかなければならないのは、今日啓蒙主義者と呼ばれている人びと、あるいは自らそう名乗った人びとで、無神論者を自負したり公言した者はごくわずかだという点である。啓蒙主義者の多くは理神論者であり、タイプはさまざまであっても、おそらくはキリスト教徒であった(啓蒙主義を謳う多くの綱領も――たとえその著者がキリスト教徒の自覚をもっていなくとも――事実上はかなりキリスト教的な内容であったが、その点はいまは措いておこう)。もとより、啓蒙主義者が宗教に忠誠を誓っていても、それは戦略や上辺だけの偽装であったと解釈することはできるだろう。啓蒙主義者が自身のことを十分わかっておらず、最終的に宗教に敵対することをひた隠しにしていたとも考えられる。主観的には宗教的であっても、客観的には非宗教的であるということもありえただろう。もちろん誰しも自分自身を完全に理解しているわけではないし、自分にも世間にも妥協するものだろう。とは言え、自分の思想を公にすることを禁じられている場合ならともかく、啓蒙主義者が宗教という主題について沈黙するどころか、終始雄弁に語ったのが、ひたすら真意を隠すためだったとするのは、やり方としても奇妙だし、およそありえないように思える。啓蒙主義の背景に、言外で無意識の動機を穿鑿するなら、啓蒙主義は単なる宗教批判ではなく、俗事や政争・内紛に明け暮れて愛想をつかされたキリスト教を、理性宗教として救い出そうとする最初の試みだったのだ。しかしながら、十八世紀の啓蒙主義が、自然的な理性と超自然的な信仰という旧来の区別を強化する一方で、教会の権威要求や、信仰の特定のあり方、そして部分的には宗教そのものさえも烈しく批判したのは事実である。宗教的な理由にもとづいて特定の宗教・神学・教会を攻撃することもあるし、また知と信仰との明確な区別を擁護することもある。また知と信仰の区別は、理性の自己抑制から生じることもあれば、神学の権威を制限するためであったり、また同時に両者をともに含むことさえもある。宗教の特定の側面に対する批判は、宗教を丸ごと否定する場合もあれば、目指される真の宗教に貢献する場合もある。実際のところ啓蒙主義においては、その関心が、啓示神学から自然神学へ、神学全般から人間論へ、したがって予感される彼岸から認識可能な此岸へと移っていくのは見間違いようがない。とはいえ、「信仰か理性か」、「神学か人間論か」、「神律か自律か」といった二者択一は(補助的概念としてはおそらく不可欠だろうが）、「神を信仰するか、理性に立脚するか」というあまりに極端な二者択一で論じるなら、悪しき抽象化に陥るだろう。そうした二者択一は、自己欺瞞的な立場同士のぶつかり合いに終わりかねない。たとえば神を引き合いに出すことは、自己絶対化でもありうるし、自らを頼みとする理性への後退でもありうるからである。いずれにしてもそのような考えは、啓蒙主義の本質を規定するには十分でない。啓蒙主義とは宗教に関わるものだという固定観念を捨てるなら、啓蒙主義は有神論的でも無神論的でもなく、理性の努力への参与であり、神への問いを立てながら、終わりのない理性の過程を歩むことなのである。

遅くとも後期啓蒙主義からフランス革命までは、啓蒙主義は第一義的に政治的な現象と理解されていた。このような社会哲学的、のちには歴史哲学的な解釈によれば、啓蒙主義とは基本的に新興市民階級を担い手とする社会運動であり、最終的にはただ、経済的にも政治的にも風化した封建主義の廃絶を目指すものだということになる。啓蒙主義とは、市民階級の長きにわたる闘争の最終局面なのであり、よりより正確に言うとその闘争は、すでに中世末期に始まり、普遍的原理の名の下で、民主主義の実現を目指して、既存の特権に立ち向かい、支配的な世界観の中でこれらの特権が美化されるのに逆らうものであった。このように見るなら、啓蒙主義とは単なる付随現象にすぎず、新たな社会的階級が支配を拡大していくためのイデオロギーとすら言えるだろう。マルクス主義の希望的観測に従えば、啓蒙主義において、「真なる」イデオロギーによる階級なき社会の開始を目前にして、イデオロギーの歴史の最終段階が始まったとさえ期待される。もとより、このような歴史形而上学的な傾向の解釈では、ある種の普遍的な歴史過程が存在すること、つまり、経済的要因（生産力と生産関係）に規定された何らかの目的論的・全社会的な発展過程が存在することは、自明の理とされる。さらにこうした過程やその要因は、究極的で真なる現実をあらわす根源的事実とみなされ、一切の現象はそこへ還元され説明できるとも考えられる。これに対してまず歴史的事実として思い起こしておくべきことがある。十八世紀には貴族も市民も多様な利害関心をもち、それぞれの集団内部で細分化されており、そのため貴族と市民はけっして一枚岩的な集団ではなく、弁証法的に相互作用を及ぼす原理や実体といったものではなかった。また啓蒙主義は、部分的には貴族が先導し、推し進め、支えていたのであり、逆に市民階級の啓蒙主義者は、貴族の啓蒙主義者に協力し、むしろ貴族階級に列せられることを望んでいたのも事実であった。市民階級の啓蒙主義者が（部分的にせよ）明確に貴族に反抗したのは、ようやく後期啓蒙主義になってからである。それゆえ、二つの集団（階級）の闘争が評価の最終基準になるなら、たいていの啓蒙主義者は、市民であると貴族であるとを問わず、基本的には自分自身の活動を誤解していたということになるだろう。彼らは、それぞれの階級の流儀に従って敵の階級と戦うというよりは、一つの階級の内部で互いに争い合っているのであり、客観的に見ると、個々の問題に関しては自分の階級を敵に回してさえいる。つまり啓蒙主義は、社会的な地位や経済基盤と直接には関係のない思想的立場であるように思える。いずれにせよ、歴史的現象としては、啓蒙主義は政治だけに没頭していたわけではない。啓蒙主義が社会の改革を目指していたのはもちろんだが、それは全面的ではなく部分的であり、貴族の撤廃を目指すのも、のちの時代になってからである。なるほど啓蒙主義は、普遍的な人間理性から出発するため、歴史的に成立してきた差別の正当性を問うのは当然であるし、その限りでは、差別を解消する傾向があると認めるにしてもである。フランスにおいても、啓蒙主義が政治化するのは十八世紀中頃であり、それでも政治的に過激化したり、民主主義的・革命的になるのは稀であった。もちろんいかなる社会でも、たいていは生産的な上昇勢力と、おおむね非生産的な既存勢力とが並存し、また常に（解消不可能に見える上からの抑圧だけでなく）そのときどきの支配者や支配秩序に対する下からの突き上げがある。こうした対立は、それぞれがどの思想的立場を取りやすいかという点にも現れる。まさに十八世紀には急速な社会的発展が生じ、いわゆる市民階層の勃興が起こった。その限りで、啓蒙主義は本質的に市民を担い手として、市民の「イデオロギー」だったと言うこともできるだろう。ただ、この「イデオロギー」の内実を、成り上がりのイデオロギーだと決めて掛かっていいものかという問題はある。歴史哲学的考察において、啓蒙主義を完全に政治的な機能に還元したり、道具化することが許されるのか、また経済的、ひいては政治的な野心という物質的関心のみを、人間のすべてを説明する究極的な動機とみなすことができるのだろうか（このような考察自体が限定的でありうるという自己相対化の問題はひとまず度外視しておく）。普遍的な人間理性に依拠すれば、政治的には差別をなくす水平化の（民主主義的）効果が生じ、そのような効果が望まれもするのは、疑う余地がない。問題となるのは、（本体の、いわば表に現れない啓蒙主義そのものではなく）歴史的現象としての啓蒙主義が、紛れもなく社会の政治的転覆を意図していたのか、そしてそれが啓蒙主義本来の動機や目的であったのかということである。したがって、政治的解釈は――宗教的・形而上学的解釈と同様に――啓蒙主義の結果のひとつにすぎないものを唯一無二の目的として受け取り、それ以外のすべてを単なる手段とみなしてしまっているのではないか、その意味では、効果を原因や意図と取り違えているのではないかと問うてみるべきだろう。そのような政治的解釈では、よりにもよってきわめて反省的意識の高いはずの啓蒙主義者が、水面下で進行する解放の歴史に知らず知らず加担し、（社会経済的な）「形而上学的機構」の傀儡となっていたことになるだろう。ここで言う「形而上学的機構」なるものは、もはや神学的ではないにしても、依然として目的論的に理解されており、その限りで政治的な神学や無反省な悪しき形而上学を意味しているのである。

啓蒙主義に関する最新の徹底的な解釈は、ヘーゲル（Georg Wilhelm Friedrich Hegel 一七七〇—一八三一年）にまで遡るある種の形而上学的解釈にもとづいている。それは精神史的解釈であり、単なる思想史の域を越えて、存在史とまでは言わないにしても、人類の総体的歴史をあらわす精神の歴史の意味で理解されている。この見地に立つと、啓蒙主義は近代の決定的始まりであり、とりわけ近代合理主義——つまり科学と技術の内に具現され、今日では結果的に人間の存立を脅かす破壊的な正体を現しつつある合理主義——の始まりである。啓蒙主義においては、思考は神や一切の社会秩序だけでなく、自然や歴史から解放され、自由を制限する秩序にすっかり見切りをつけ、空虚な理性や単なる悟性へと変わってしまった。あらゆる拘束からの自由を目指した自我の解放は、個人的・主観的理性の自己絶対化へと行き着き、自由になった思考が好き勝手に振る舞うに任せ、最後には自由な主体や自己自身をも破壊してしまう。啓蒙主義に起因するこうした問題は、実際のところ、きわめて現代的である。個人的ないし主観的な人間理性と、ことによると包括的で、理性そのものをも規定する客観的な秩序（理性の秩序）——伝統の秩序であろうと、自然の秩序や、神そのものの秩序であろうと——はどのような関係にあるのだろうか。自己決定と秩序の承認とはどのような関係にあるのか。しかし、まずはここで純粋に歴史的な確認をしておかなければならない。つまり、そもそも理性の解放の過程が歴史全体の流れとして存在するならば、そうした流れは、啓蒙主義において始まったというよりは、（何を強調するかによって多少違いはあるが）すでに近代の意識の哲学、したがって〔デカルトにおける〕コギトの自己主張、あるいは近代科学や近代技術とともに始まったとも言える。ことによると、ソクラテス（Sokrates 前四七〇―三九九年）やソフィストたち、さらにお望みなら、理性の自己理解そのものである哲学が始まった時点にまで遡ることもできるだろう。とはいえ、啓蒙主義をより厳密な意味で考えるなら、十八世紀にこそ、理性の自立が現実全体との関係をめぐって新たに問題となったのだと言わざるをえない。批判的理性は、従来の秩序や、秩序に関する従来の理解を疑いの目で眺め、そうすることで世界全体をますます疑問視し、正当性を問いただす。世界を変革するほどの勢いで批判がなされ、同時に新たな世界の成立に向けて出発点が築かれる。しかし他方で啓蒙主義は――おそらくは世俗化されたキリスト教の枠内ではあるが――新たな「理性的」秩序を模索しているとも言わなくてはならない。そのためそれは、単に伝統そのものに楯突くだけではない。「純粋」理性にもとづく真の秩序を模索するものである以上、啓蒙主義はもはや伝統を志向するのではなく、未来を志向するのである。自らの理性（伝統は、この理性の内部で無視しえない位置を占める）に従って新たな理性的世界が希求される。その際に啓蒙主義は、徐々にあらゆる既存の秩序を揺るがし始めていた近代科学に立脚していた。とはいえ啓蒙主義自身は、概して近代的な意味での科学（自然科学）を自任したことはないし、それと一致するものでもない。なるほど啓蒙主義者は、科学の有用性と必然性を強調し、哲学をも一般的に、広義で古風な意味での「科学〔学問〕」と呼んではいる。しかし啓蒙主義者自身が厳密な意味で科学者であることは稀である。彼らはせいぜいのところ、科学の「唱道者《イデオローグ》」ないしは代弁者《スポークスマン》、伝達者であった。したがって啓蒙主義は、自ら名乗りを上げて理性の力を前面に押し立てた科学とは異なっている。むしろ啓蒙主義は近代科学と合理性というスタンダードに対する応答であり、ある場合は科学を支持するイデオロギーであり、またある場合は科学に対する批判でもあった。啓蒙主義は科学や技術と同義ではなく、それらの原型とみなすこともできない。近代的合理性が実証的な単なる道具的理性の意味で理解されるのなら、そうした近代的合理性の総称でもない。啓蒙主義とは、近代理性の危険な帰結をも科学的理性にもとづいて処理しようとする理性の試みなのである。それは常に、一切の哲学と同様に、啓蒙主義そのものが引き金になるかもしれない混沌の危険との戦いであり、諸事物の理性的ないし真なる秩序の探求なのである。

啓蒙に対するさまざまな啓蒙〔解明〕とは、雲を摑むような話であり、疑似哲学的な独り芝居、同じことの繰り返しではないだろうか。啓蒙主義に関する宗教的解釈、政治的解釈、形而上学的解釈を素描してきたが、こうした解釈はなるほど啓蒙主義の重要な側面を浮彫りにするものの、あまりに目の粗い図式や、十把一絡げの概念、大雑把な論理を用いていることがわかった。要するにそれらの解釈は、解決を保証するにもまして多くの問題を投げかけてしまっているのである。この三つの解釈は、明らかにあまりにも陳腐な啓蒙主義概念が元になっている。そのような理解においては、啓蒙主義を歴史的現象として説明するのではなく、むしろ自らの理解を自明視し、啓蒙主義を唯一のモデルに測して語ることになりかねない。たとえば宗教的解釈では啓蒙主義を無神論的とみなし、政治的解釈では民主主義的・革命的とみなすなら、啓蒙主義者全体の優に九割方が、本気でなく気紛れで、中途半端な日和見主義者になってしまうだろう。これらの解釈は、啓蒙主義とは本質的にどのようなもので、本来何を望み、その根本的な原因は何であるかを問題としているが、それらはいずれも、経験から離れた判定基準を立て、(悪い意味での）形而上学的な啓蒙主義理解に陥っている。啓蒙主義は、本質的にある規範の否定と理解され、歴史的に昔も今も妥当する規範を否定することとみなされているのである。言ってみればそれは、近代の——現実の、あるいはそう自称される——成果や、近代の悲惨に関して、それをもたらした英雄やスケープゴートを見つけ出そうとする周知の努力のさまざまな変奏《ヴァリエーション》なのである。啓蒙主義とは、それまで長いこと燻りつづけ、その後もいまだ清算されていない危機が先取りされた頂点であったと言っても大過ないだろう。しかし、すでに見たさまざまなタイプの解釈では、十八世紀の啓蒙主義をモデルとした長いスパンの歴史的過程に組み込まれ、啓蒙主義の概念が広義に理解されて、解消ないし拡大されるために、歴史的現象としての「啓蒙主義」が疎かにされる。それと同時に歴史的現象全般がないがしろにされ、啓蒙の「本質」や、「本来の」目的や動機といったものばかりが性急に問い求められる。啓蒙主義によって惹き起こされた結果が、逆に目的とみなされることも稀ではない。こうなると歴史が二重化されるが、それは安易で歯止めがきかないがゆえに危険だろう。つまり、仮説が暗黙のうちに独自の存在を獲得し、悪い意味である種の形而上学的実在と化すのである。「現実の」歴史は、かならずしも「真の」歴史ではないというわけだ。

もちろん歴史的現象とは、事実としてかなり確かなものである。ただ、啓蒙をめぐる議論で多くの場合に問題となるのは、どの現象を要とみなし、評価基準とみなせるか、またさまざまな現象の順位づけをどうするかということである。つまりは、どれが根本的な現象でどれが副次的なものか、多様な現象をどのような原因に還元でき、実際にもそうすべきかが問題となる。そのように見る限り、啓蒙の性格規定や解釈は、ある程度は方法論上の問題である。当然のことながら、「啓蒙〔主義〕」という概念（あるいは「バロック」や「ロマン主義」といった概念）をきわめて広く取って、歴史から切り離すことも可能である。しかしそうするとその概念は、出発点となった現象を捉えることがますます難しくなるだろう。もちろん、啓蒙の概念を狭い意味で理解し、自覚的にか無自覚にかはともかく、その概念が範例としているごく限られた現象や人物だけに適用することもできる。さらには、上述の二種類の概念を臨機応変に操り、啓蒙の概念を、たとえばイギリスやフランスに対しては拡大し、ドイツに対しては狭めるのも考えられる。とはいえ、手ごろで実際にも使われている啓蒙概念は、一般に十八世紀啓蒙主義として理解されている現象から出発している以上、理由もなくそこから離れるべきではないだろう。それらの現象は、まず（可能な限り）そのものとして理解されるべきであり、何らかの解釈枠を前提し、そこから個々の事実を意味づけたり整理したりしてはならない。いずれにしても以下では、啓蒙主義の本質への問い（啓蒙主義とは本来どのようなものであり、真の啓蒙主義とはどのようなものであったのかという問い）はできる限り控えることになるだろうし、啓蒙の「第二次的要因」の探求を優先し、「第一次的要因」には触れずにおくことにしよう。ただし、「啓蒙主義」という歴史的現象をさまざまな解釈から救い出す試みもある種の仮定（それができる限り形而上学的ではなく、方法論的であったとしても）を元に進めざるをえない一定の限界があるのはもちろんである。

個々の現象を理解する手始めとして、啓蒙主義者たちの自己理解から出発する必要がある。こうした自己理解を、取るに足りないものと一蹴することはできない。まずは、多かれ少なかれ啓蒙主義者を自任している人物を手がかりとして、そうした自己理解と、それに直接に結びついている諸現象を、可能な限りありのままに知ろうとしなければならない。もちろん、歴史的現実と歴史的な自己意識はけっして一致しない。だからこそわれわれとしては、啓蒙主義者のことをも、彼らが自分自身を理解していた以上に深く理解しなければならないだろう。しかし、知と現実の乖離が避けられないからといって、啓蒙主義者たちに対して、あらかじめ自己誤認や自己欺瞞の烙印を捺してしまってはならない。たとえば、啓蒙主義者たちを、上辺だけの——あるいはせいぜいのところ無自覚的な——中途半端な無神論者や革命家とみなしてはならないのだ。根拠のない我流の見解を信じ込んだり、自分自身の立場を安易に絶対視するならば、自分勝手な解釈に歯止めをかけることはできないだろう。そこで、以下ではまず（主として歴史的な関心にもとづいて）、比較的議論の余地のない周知の歴史的現象を目安に啓蒙概念を概略する。それはいわば、未確定で暫定的、訂正可能で柔軟な、実用性のある啓蒙概念ということになる。ここでは、ある「時代」を、その期間の精神的特徴をあらわすものとして論じることにはそれなりの意味があると想定しよう。「時代」概念は取り扱いが難しく、その有効範囲に限界があるのも認めざるをえないが、ここでは歴史論的・認識論的な問題をあげつらうのは控えておく。具体的ではあるが、なおも表面的と言えるこの啓蒙概念は、若干の主要な現象や、啓蒙主義のいくつかの傾向に限定されるが、もちろんその背後には、それが生じるにいたった必然性が存在する。十八世紀は啓蒙主義の世紀であるばかりでなく、敬虔主義や絶対主義の世紀であり、感受性や天才崇拝の世紀、さらには宮廷や音楽の世紀であったことは間違いない。しかしそのなかでも啓蒙を目指す意志は何と言っても突出していたため、この時代を啓蒙の世紀と呼ぶのは十分に理由がある。その場合また、啓蒙は明らかに、西洋の文明化の過程の一局面として、他の時代と同様に多くの要因と影響をもつだけではなく、古代に遡り十八世紀を頂点として現代にまで及ぶと思える過程をあらわしている。なるほど啓蒙は、多くの点で伝統的であり、二〇〇〇年にわたる旧来のヨーロッパ史の帰結でありながら、多くの面できわめて新しいがゆえに現代の直接の前史、ないし近代の幕開けとしてきわめて興味深いものなのである。とはいえここでは、啓蒙主義を長期間の歴史的スパンに組み込んで規定するという誘惑をできる限り斥け、啓蒙主義を可能な限りそれ自身から理解するように努めなければならない。そうすることで、啓蒙主義研究と、啓蒙をめぐる議論のあいだの溝をいくらかでも埋めることができればと願っている。

(二) 啓蒙への希望

啓蒙主義とは何であったのか。歴史的観点から見ると、啓蒙とは何を意味するのか。啓蒙主義は啓蒙を自称・自任し、またそれを望んでもいたのだから、まずはこの自己定義から出発するのがよいだろう(もちろんそれは、およそいかなる名称と同様に疑いもなく不十分な命名であり、いかなる自己理解も自己に対する誤解であるのは明らかなのだが)。「蒙を啓《ひら》く〔光をもたらす〕」(Aufklärung) という語の比喩的用法は啓蒙主義の時代に始まったわけではないが、その比喩は、最初から啓蒙主義についてまわり、啓蒙主義の最盛期には「照明」(Erhellung) や「解明」(Erleuchtung) などの概念を押しのけて定着した。啓蒙は、明るさや「開けた場」、照明を目指し、そのために光を必要とする。とはいえ、これまで暗闇(隠蔽)の内にあった何かを見る(解明する、発見する)ための照明だけが問題なのではない。これまではただ漠然としか見えていなかったものを鮮明に見る試みのほうがそれ以上に重要なのである。縺《もつ》れたものを解きほぐすという意味での解明こそが要となる。すべてのものは可能な限り明晰判明になるべきであるし、そのものとして示され、それ自身の内で整理され、他のものと区別されなければならない。事柄の解明は、事柄そのものの理解と他の事柄との区別を目指すのであり、明瞭な見方と正しい見通しを伝えなければならない。啓蒙とは真理を明晰に捉えようとするのである。

そのためにはとりわけ、明確な概念が必要となる。概念を明確にしても、それだけでは事柄が本質的に明確になるわけではないが、事柄を解明する主要条件ではある。より正確に言うなら、啓蒙において（自己理解や自己規定に従うなら）まず第一に重要なのは、悟性の啓蒙や正しい理性の発展である。悟性ないし理性――ここではとりあえず両者を区別しないでおく――を可能な限り最高の完成へと導かなければならないし、悟性や理性が独力で自己を実現しなければならない。啓蒙とは、悟性や理性が自力で解明（浄化、開明）にいたることである。光として解釈された理性（「自然の光」、「理性の光」）は、無知の暗闇を光で照らし、とりわけそれまでの贋の知識という混乱を明晰にしなければならない。そのためには何よりも「知性の改善」、すなわち悟性の改良やその欠陥の除去が必要となる。啓蒙とは本質的に「矯正」であり、「概念の是正」である。明晰な悟性と正しい理性は、一切を可能な限り正しい光の下で見なければならない。明晰な悟性は正しい理性の主要条件であり、正しい理性とは悟性の光のことなのである。認識論的にはかなり経験主義的で、人間論的・神学的には相当に主意主義的であり、その限りで認識批判的な傾向があるにせよ、悟性の啓蒙としての啓蒙主義は、理性の規範的理念を強く志向している。古くからの慣例にならい、理性は自らの理念の姿を正しい理性や健全な理性と呼び、悟性の明確化を通じてそれを実現しようとする。唯一で普遍的な理性とは、理性自身の「賢者の石」であり、「真理の最高の試金石」なのである。理性は、かつてよりもますます理性自身を規範とみなすようになった。

「啓蒙」という概念は、運動や活動をあらわし、プログラムとしての活動であり、活動のプログラムである。認識の明晰さを増大させるためのプログラムであり、理性の自己実現への意欲から成立するプログラムである。啓蒙とは理性への希望によって規定されているのだ。理性はいわば目的であると同時に手段でもある。理性はいつでも発展途上にあるがゆえに常にまだ非理性の状態にあり、したがって理性を旗印にして、何よりも非理性に抗う闘争のさなかにある。理性は、理性自身がその時々で非理性とみなすもの――偏見、迷信、情動――に反抗する。それは闘争的にして好戦的な理性である。その限りで、啓蒙は概念を是正して誤謬の除去を目指すものとして、十分に戦闘的で攻撃的、論争的で扇動的な姿の合理主義なのである。啓蒙はまずは「認識能力の使用における否定的な原則」（カント〔論文「思考における方向定位」最後の注〕）であり、それゆえに批判的であり、破壊的ですらある。こうした批判的性格は、理性的で徹底的かつ不偏不党の姿勢を理想とする。批判が有効な成果を上げることが目標とされ、明晰な理解の実現と積極的な展開が望まれる。

確かに啓蒙とは、批判的活動を出発点とはするものの、単なる反対に終始するものではない。もともと「明るみ」としての認識は既存の暗闇に対抗し、その限りで無知ないし贋の知識に対して否定的な姿勢をとる。啓蒙主義は、それが自称するところによれば、認識のこのような側面、すなわち（偏見や迷信といった）無知蒙昧との闘いをひたすら強調してきた。とはいえ、啓蒙主義にとって最終的に重要なのは、無知の暗闇を克服し、蒙昧を除去することで、事柄の真の認識や真理の解明に達することであった。なるほど、啓蒙期の始まりと終わりにとりわけ明確になったように、啓蒙主義とは闘いのスローガンであったのは確かである。しかしながら啓蒙主義は、誤解の克服や解消に尽きるのではなく（そしてもちろん、全面的な破壊という意味での批判を行ったのちに、どこかから真理を獲得しようというのでもなく）、事柄そのものを摑み取ろうという意欲に貫かれているのである。啓蒙とは訂正という意味での批判なのであり、〔啓蒙の一般的な表現を用いるなら〕概念の純化ないし適正化として、正しい〔是正され、正しく設定された〕概念への希望を糧としている。啓蒙とは、現代の解釈学が言うような意味での、終わりのない解釈ではない。「知性の改善」、つまり悟性の欠陥の改良は、真理への希望に駆り立てられている。そのため、啓蒙主義者たちは、悟性に対する「否定的な」啓蒙ののちには、概念に対する純粋に「積極的〔肯定的〕な」解明〔開明、解説〕がなされることを少なからず信じていたのである。

理性の抱いたこのような新たな自己意識は、十七世紀の近代科学とそれにともなう新たな哲学を、最も重要な源泉の一つとしている。自然認識という、神学から比較的離れた領域において、理性はすでにある種の自立を獲得しており、それによって哲学が神学〔および神学を裏づけていた形而上学〕から解放され、科学が哲学から独立する傾向が生じていた。このような自立性は理論的知識に限定され、ある程度はいまだに内在的ではあったが、すでに十七世紀中葉には、歴史的状況の後押しもあって、ある種の実践的な自立性へと移行していった。理性はいわば遠慮を捨てて、以前にもまして信仰や社会の従来の形態に対抗し、自らを貫くようになった。理性は、それまで予想もしなかったほど「実践的」になったのである。単に技術的・医学的効力をもつ科学という理念だけでなく、包括的でしっかりと根拠づけられ、何よりも「道徳実践的な」合理性といった理念が、ここで初めて明確な輪郭を取り始め、それとともに、〔純粋に〕合理的な秩序をもった社会や、〔もっぱら〕理性的な信仰という理念が姿を現し始めた。精密科学や技術的実践を関心の的とした初期近代の哲学〔ベーコン〔Francis Bacon 一五六一―一六二六年〕、デカルト〔René Descartes 一五九六―一六五〇年〕、ライプニッツ〔Gottfried Wilhelm Leibniz 一六四六―一七一六年〕〕とは異なり、いまやほぼいたるところで、道徳実践的な関与が優位を占めるようになる。それに応じて――「科学」への根本的な信頼が揺らぐことはないにしても――科学批判・技術批判の萌芽が、散発的にではあっても現れる。啓蒙主義は、近代科学を事実として前提し、科学を認識の重要な成果とみなし、推し進めようとする。啓蒙主義にとっては、科学こそが理性的態度の模範であった。しかし啓蒙主義そのものは、知識の集成や方法的な研究ではなく、価値から自由で純粋に理論的な認識でもなく、いくらその言葉を拡げて考えても「科学」と呼ぶことはできない。むしろ科学を哲学的に解明し、正しく公明正大な生き方を目的にして科学を実践的に応用するところにこそ啓蒙主義の核心があった。啓蒙主義は科学〔学問〕ではなく、理性による進路決定なのである（ここには当然、科学に対する啓蒙〔解明〕が含まれる）。

科学と並んで、ますます顕著になった理性と信仰の乖離が啓蒙主義のもうひとつの特に重要な源泉である。理性はふたたび信仰との対立へと向かい始め、古くからある信仰と理性の分離が、今度は理性の新たな自己意識を通じて、より鮮明な形をとるようになった。理性に重きを置くこの新たな動向ゆえに、理性の時代〔啓蒙主義〕は、それに先立つ信仰の時代、もしくは信仰闘争の時代とはっきりと区別される。宗教戦争は、理性的寛容に場を譲り、信仰そのものも理性的とならなければならない。啓蒙主義は、いわゆる超理性的なものを頭ごなしに否定するのではなく、自分とは無縁のものとしてますます無視するようになるのである。理性の自己主張は、自我のより強力な自立へ向かい、それと同時に、思考の脱神学化、つまり自明視されていたキリスト教的な見方に対する疑いへと進む。そこでまず最初に啓示神学が相当程度に無視され、のちには自然神学がかなり軽視されるようになる。啓蒙主義は当初、迷信・

熱狂・狂信などの形をとる宗教の特定のあり方に対する批判であったが、のちにはありとあらゆる宗教の批判へと転じた。また啓蒙とは、神秘を唱え神聖めかすことへの冷や水であり、（言うところの）真に神聖なもののために、偽りの神聖さの正体を暴き、沈着冷静になり、盲信を脱することなのだ。しかし啓蒙ははじめから宗教に敵対的であったり、無神論的であったわけではない。啓蒙は宗教批判がすべてなのではない。啓蒙主義の最も重要な出発点が宗教批判であるのは当然としても、一般的には啓蒙もそれなりの（「理性的な」）仕方で宗教的であり、「理性的な」仕方でキリスト教的なのである。さらに、批判的な宗教的啓蒙、あるいは宗教に対する啓蒙は、当然のことながら、批判の対象として踏み台となる宗教の側からも規定されている。

彼岸や超自然的なものをめぐる果てしない議論から離れることとは、逆に自然的なものや此岸的なものに向かうことを意味した。人間は、自己や自らの現況に対する省察へと向かうのである。思考の脱神学化は、近代的な世界認識・人間認識の起源であり、その限り、近代的人間学、それどころかその底にある人間主義や人間中心主義の起源である。人間は、人間論という独自の考究の対象となり（ポープ〔Alexander Pope 一六八八—一七四四年〕〔『人間論』〕）、人間の本質についての問いが、哲学の中心課題となる（カント〔Immanuel Kant 一七二四—一八〇四年〕）。人間にとって神の認識がますます背景に退き、それに応じて人間はまずは自己の認識に努め、宗教を自分の観点から、その人間論的機能において理解しようとする。そのため啓蒙主義的理性は、依然として当然のように神的理性という理念を模範とするものの、やはり人間の理性を強調するのである。人間的理性の自覚的な自己主張は、それ自体すでに人間によって語られる神的啓示を、越権とみなして斥ける。こうした理性の自己主張は——その反対者はおそらくそうは考えないだろうが――実際のところ、理性が自らに対する蔑視や卑下から解放されることを意味するにとどまらない。それはまた、神の言葉を僭称し唱える一切に逆らう自己主張として、理性の自己強化によるある種の自立化をも意味するのである。

　ところで、理性の自立化、啓示神学の拘束からの解放、そして人間理性としての自己主張は、同時に個々人の理性を独立させることでもあった。人間の自立は、直接的な帰結として人間の個別化をもたらした。それゆえに、理性とはすなわち主観的理性である。たとえ普遍的で客観的で、絶対的ですらある理性という理念が自明のように模範とされ、普遍性と客観性の要求がさしあたりいまだ放棄されることもなく、それどころか互いに反目し合う宗教上の諸派とは異なり普遍性と客観性が堅持されていたとしても、やはり理性はいまや主観的理性なのである。いわゆる個人の解放は、理性による拘束を条件として成立する。自立性とは、私の内にある普遍的理性への従属でもある。同時にこの点にこそ、（近代的学問の認識要求に見られるように）自らに対する理性の自己批判や自己吟味、認識の可能性・限界・射程についての問いの源泉がある。理性とは――認識の道具（理論理性）であれ、認識の判定基準（実践理性）であれ――そもそもいかなるものであり、いかなることを遂行できるのか。

　啓蒙主義が考える真の理性とは、単に正しい理性にとどまらず、生きた信仰との類比で、生きた理性、生きた認識である。そのために理性は、理論的認識だけを目指すわけではない。それは、本来の理性であり、根源的で現実に遂行された思考（自己思惟）でなければならない。何よりもそれは、実効性のある、行為を目指した道徳的・実践的な理性でなければならない。このような実践的理性は、意志によって、つまり正しく善なる意志によって、行為を引き起こすが、その意志そのものもまた形成され、喚起される必要がある。そのため啓蒙とは、確かに第一義的には悟性の改良を意味するが、それ以上に意志の改善を目的とする。「知性の改善」は「意志の改善」に奉仕し、悟性の浄化は意志の純化に役立たなければならない。最終的には、理性の発展を通じて、全人類が発展することが肝要なのである。悟性とともに心情にも光が射し、真理を通じて人間が善にして幸福にならなければいけない。それゆえに十八世紀は実践哲学の時代である。宗教的な建徳に代わって、実践的教示としての哲学的教養が現れる。実践的に意味のある認識こそが重要であり、悟性と徳、徳と幸福が、いまや啓発的なスローガンとなる。啓蒙とは、きわめて実践的な合理主義であり、部分的には明確に反思弁的な（反神学的であるがゆえに反形而上学的な）傾向をもつ。新たな幸福の希望と繋がるはっきりした関係が見えないものは、単に無益なスコラ学的な穿鑿として軽蔑される。しかしここで重視されるのは、自分自身の利益ではなく、道徳的動機に立った人類全体の福祉である。生活実践に適用された活動プログラムとしての理性は、普遍的な徳による普遍的な幸福を要求する（これはただちに、厚かましい功利主義や道徳主義に転じるものではあるが）。そして、変革と改善の意志は、まずは教育学の内に、ついで政治学の内に自らの活動の舞台を見出す。人間はより良く教育され（「指導され」「形成され」）なくてはならず、社会は改良されなければならない。啓蒙とは、学問の進歩にとどまらず、道徳的な進歩をも意図し、しかも個人的な進歩だけでなく、社会的進歩を目指す。理性への希望にとっては、理性を共有することが必要なのである。

強力な教育的傾向、そしてのちには強力な政治的傾向を見るなら、啓蒙とはそもそも、けっして自己啓蒙に終わるものではなく、何よりも他の人々に対する啓蒙（他者啓蒙）として自らを理解していたのだということがわかってくる。啓蒙にとっては、人類全体の福祉、「人類にとっての有用性」が問題なのである。啓蒙は普遍的な人間理性に関わっている以上、方向としては普遍的な啓蒙、万人による万人の啓蒙を目的とする。啓蒙主義者は各々、万人のために、万人に向けて考える。普遍的な啓蒙という、既存の状況に照らすなら実践的にはまったく非現実的な考えは、当初は散発的に提示されるにすぎなかった。いわゆる「一般民衆」は、たいていの場合はまだ考慮の外にあった。しかし十八世紀に市民階層が徐々に成長するにつれて、「大衆の蒙昧」の打破という理念が、民衆の啓蒙という理念へと発展する一方で、同時にその理念が疑問視されるにいたった。少なからぬ啓蒙主義者が、完全な啓蒙による普遍的な徳という期待に懐疑的となったのである。彼らは、万人にいつでもすべてを説明するのは不可能と悟り、徳の楽園の実現にも不信を抱くようになった。そのために啓蒙主義者たちは、学識者の教育的責任に訴えながらも、一般的には、穏健でむしろ節度ある啓蒙を謳い、可能なことを見きわめて、それぞれの人と事柄なりの限界を見定めたうえで啓蒙を主張したのである。それに加えて、民衆の啓蒙という理念に政治的な含意が籠められるのは避けがたいことであった。啓蒙された民衆の理念は、もともとは教会に対抗するために理想化されたのであり、改革的絶対主義を意図する啓蒙的絶対主義とは、どうしても折り合いがつかない。それというのも、人びとに明晰な思考を植えつける試みは、ついには世界を転倒させるところに行き着かざるをえなかったからである。

啓蒙主義と絶対主義の同盟が破れたのは、客観的な――つまり客観的に認識可能で到達可能な――幸福という共通の理想が失われ、幸福が単に主観的な経験となり、とりわけ自由の内に求められるようになったときであった。遅くとも十八世紀末期に、啓蒙主義が政治的な昂揚を迎えた際に、啓蒙には自由の思想が最初から含まれていたことが明らかになった。啓蒙とは、当初は単なる自己解放であり、精神的な意味にすぎなかったが、それでもやはり解放を志向し、自らの自由を求めて解き放たれることを望んでいた。明晰な真理だけでなく、裏づけをもった解放が課題であった。逆に言えば、真理を欠いた明晰さがありえないのと同様に、自己解放を欠いた自己思惟もありえない。自立性をめぐる理性の闘争は、自由の意識と自由の意志を含んでいる。自己意識そのものが自由の意識なのだ。(自立的・自律的)理性の回復をめぐる啓蒙の闘争は、自らの自由を求め、そうした自由の実現の可能性を探る理性の闘争である。そこで、理性的自由の条件が問題となる。十八世紀を通じて論じられた法と道徳の区別もまた、このような新たな主観的自由に対する要求のあらわれであった。国家は、(少なくとも理念的には)自由主義的な法治国家の範囲に制限され始めた。自由となった個人は、当然新たな共同体の要求を打ち建て、それを基礎に新たな共同体の形態と社会の理念を展開した。共同性と統一性を祈りによって実現する神の前での共同体が空洞化することで、理性の自立化と個別化を経て、新たな共同性の要求が生じ、自由で平等な人びとの共同体という古い理念が、理性の王国となって再興された。「神の国」への希望と並んで、もしくはその代わりに、真なる国家というユートピアが、普遍的な真理認識にもとづいた真なる政治の目標として掲げられ、「哲人王」の理想に代わって、哲学的国民の理想という方向性が示された。

それにしても、このような運動のほとんどすべてが、なぜ哲学の名の下に生じたのだろうか。また、哲学が後にも先にもなかったほどに、時代を牽引する力となり、その時代が、「哲学の時代」を自称するまでになったのはなぜなのだろうか。哲学が「主導的学問」としての神学を解体しえたのは、神学がそれまでの形態ではもはや一般の同意を得られなかったためであるのは明らかである。哲学は独力で救いをもたらすと約束することができたし、「学問」という広義の古い意味においても、「科学」という狭義の近代的な意味においても、合意を形成する普遍妥当的な知と理解されたため、神学の穴埋めを果たすことができた。一方で哲学はいまだに人間の知の総称として、教示可能で習得可能な、何ものかに熟達する専門知識（「学知」、「学説」）と理解されていた。また哲学は、厳密な科学（自然科学）が誕生したおかげで有利な立場に立った。なるほど哲学は精密科学とすでに競合関係にあったが、それでも科学を支配し統合しようとしていたのである。哲学はすでに厳密な科学的知へと向かっていたが、生活実践の手引きを提示し、正しい実践のための正しい理論を提供するという意味で、いまだ普遍的理性の牙城でありえた。哲学は、普遍的な学識と普遍妥当的な学問をひとつにまとめ、形而上学的叡知と実践的な人生の知恵を結びつけようとする。とりわけそれは、世界に関わる知識であり、「世界知〔Weltweisheit 処世知、哲学〕」、すなわち世界の人びとのための、世界についての——世俗的で、原理的であると同時に実践的な——知識であった。同時に、（多かれ少なかれ、いわゆる「講壇」とは距離のある）生活実践に対する哲学のこのような要求を通じて、ある新たな「生の哲学」とも言える理解が展開された。こうした哲学理解ゆえに、世のあらゆる著述家や警世家までもが、結局は哲学者を自任するようになったのである。最終的に哲学は、説教臭い三文講話にまで成り下がることもありえた。

当然ながら、ここで素描した傾向にはそれなりの前史があり、一部は初期近代や中世、さらには古代にまで遡ることができる。とりわけその直接の前史は、理性が近代的な自律性を獲得した十七世紀に求められる。とはいえ歴史的時代としての啓蒙主義は、近代一般とははっきりと区別される。啓蒙主義は、古くからの動機の単なる集積に見えるとしても、明らかに従来の理念の新たな頂点であり、その大胆な混合だからである。啓蒙の新たな思考も、無から突然に始まったのではなく、量的・質的な変更（強調や省略）を通じて重心が移動し、理念・傾向・動機があらためて集約され結晶したものなのである。欲求不満の鬱積が、ある時を境に既存の解答・約束・慰撫との断絶にいたり、そこからヨーロッパにおいても十七世紀末頃に、精神的な刷新への要求が生まれたように見える。その刷新とは、ときどきの歴史的可能性の範囲内で、意識的で意図的な精神的蜂起と転換を惹き起こそうとするものであった。諸科学の新たな光は広範な期待を呼び起こし、理性に対する新しい普遍的な希望が現れた。その限りで、啓蒙主義とは人間精神の新たな反省の表現であり、生の何らかの普遍的形態を目指す理性の自己反省の表現なのである。したがって、少なくとも初期の段階での啓蒙主義は新たな未来に向けての蜂起であり、それまで生き永らえてきた制度と時代遅れになった思考の桎梏からの解放であった。

フランスにおけるナントの勅令の廃止（一六八五年）や、イギリスにおける名誉革命（一六八八年）といった政治的事件は、ある種の象徴的な意味や、言ってみれば起爆剤のような性格をもっていた。それらの事件は、実に多様な意味で一時代を画した。イギリス啓蒙主義は勝利とともに始まった。それはまた絶対主義の敗北であり、新たな宗教的・政治的自由の確立でもあった。フランス啓蒙主義は破局《カタストローフ》によって始まる。それは、新教の解体であり、国家と教会の絶対的統一の確立であった。このように出発点が異なったことが、その後のイギリスとフランスの啓蒙主義全体に影響を与え続けている。イギリス啓蒙主義は自由主義的な新教から生じ、フランス啓蒙主義は不寛容なカトリックと闘わなければならなかった。さらにドイツ啓蒙主義では、その性格と出発点についての問いはまた別のものとなる。啓蒙主義において、ドイツ特有の途は存在したのであろうか。もっと言うなら、啓蒙主義にはその立場に応じて、三つないしはそれ以上の特殊な途が存在するのだろうか。

(三) 理性への意志

啓蒙主義を規定する理性への希望は、実践に移されなければ、空虚な憧れにとどまっていただろう。実践的意味をもつ希望としては、啓蒙主義は理性への意志なのである。自らを実践的理性にしようとする理性にとっては、外部との関係が不可欠であり、歴史的現実への考慮が欠かせないが、この歴史的現実は、イギリス、フランス、ドイツのそれぞれで大きく異なっていた。イギリスでは、新たな思考が新たな政治と調和する一方で、伝統が今日にまで重みをもっている。そうしたイギリスでは、啓蒙主義者たちは政治的にはプラグマティックに思考し行動することができた。また宗教の領域では――葛藤はあったものの――(宗教的無関心に近づくほど) イギリスはキリスト教から離れていったため、十九世紀の実証主義にまで啓蒙主義が引き続き影響を与えることになった。フランスでは教会と国家が手を結び、難攻不落の保守権力を形成していたため、啓蒙主義の理念は、歴史的現実との接点を見出せず、抽象的で過激なものとなった。具体的にはフランスの啓蒙主義者たちは、手を変え品を変え、策略や匿名での著述、外国からの煽動に活路を求め、啓蒙主義はいきおい革命的になった。これに対してドイツでは、国内の政治的・宗教的分裂ゆえに、いずれにしても大きな変革は望みえなかった。ドイツ啓蒙主義は、何かを変革しようとする場合、一方では実践的に理に叶った実現可能な領域に制限されるか、また他方では、もともとは「教師」がその担い手であったところから、啓蒙主義の理念が純粋に理論的に――教授可能になるまで――徹底して考察され、さらには体系的に基礎づけられることもあった。そのためにドイツ啓蒙主義は、消極的に言えば、浮世離れと日和見の中間にある「学術的な《アカデミック》」ものであり、積極的に言えば、原理的な傾向の改革と実践的に慎重な改革のあいだで、結果的に有効な途をとったといえるだろう。哲学な思索は、「根本的」であり、それゆえに「慎重」で「用心深く」、「控えめ」なのである。そのためにドイツ啓蒙主義の「改良主義」には、理性へ向かう具体的な意志がまさに典型的に現れている。

現代において啓蒙主義が語られるときには、まずはイギリスとフランスについて論じられ、ドイツはほんのついでに触れられるのが通例のように思える。多くの論者にとって、啓蒙主義とはイギリスとフランスにおける運動なのであり、あとになってようやくドイツに飛び火したとみなされている。啓蒙主義の賛同者も敵対者も口を揃えて、ドイツの啓蒙主義は、何らかの理由で、物真似が関の山であったというのである。ドイツ啓蒙主義は、未発達の土地へ時期はずれに輸入されたため、少なからぬ人がそう思っているように、いわゆる穏健な啓蒙主義へと骨抜きにされて、とりわけ政治的観点からは（諸侯の権威に反対する気骨がなかったため）迫力を欠いていた。イギリスとフランスでは、十八世紀をすぎても、その輝かしい名前は轟いていた。それに対してドイツは、いかなる独自の啓蒙主義ももっていなかったように見えるのである。

しかしこのような見方は、独特の前提や評価基準に依拠している。なぜなら他のもろもろの現象を無視したうえで、イギリスとフランスの発展（理神論、絶対主義への批判）を理想化して規範にまで高め、それと比較することによって、ドイツの後進性と発展の特殊性を言い立てているからである。実際のところ、イギリスとフランスは、中世以来、ドイツの神聖ローマ帝国から比較的独立した発展を遂げ、政治の強化と中央集権化を通じて、すでに啓蒙期よりもはるか以前に、文化的優位の前提を構築しており、それが啓蒙主義の前史となっている。こうして啓蒙主義の重要な精神的基盤は、ドイツ帝国ないしドイツの外部に確立されたのである。とりわけイギリスとフランスでは、宗教改革による取り返しのつかない政治的混乱が起こらなかった。もちろん両国でも、啓蒙期の直前には深刻な宗教的対立はあったが、〔ドイツの〕三十年戦争〔一六一八―四八年〕のように国土を荒廃させはしなかった。イギリス・フランスは、国民としての一体性を、政治的にも宗教的にもなんとか保持し強化するような解決策を取ったのである。ドイツは常に自己同一性の危機に揺れる「遅れてきた国民」〔プレスナー〕として、（現代でも）外国の文物に強い関心を示しており、たとえばイギリス・フランスが相互に抱く関心やドイツに対する興味を上回っているのも、なんら不思議ではない。国民としての同一性が欠けており、国民意識が欠落しているために、他の国民から吸収できるもの、吸収できると思い込まれているものを受容しようとして、自己嫌悪のあまり、フランスかぶれ、イギリスかぶれ（仏蘭西贔屓《ガロマニー》、英吉利贔屓《アングロマニー》）といった国民的自虐癖に陥る。その反面、過大な自己評価に溺れて、怨恨《ルサンチマン》にもとづく国粋主義といった反動で埋め合わせをすることにもなる。

発展の仕方はさまざまであるにしても、イギリス、フランス、ドイツで啓蒙主義はほぼ同時期に始まった以上、ドイツの啓蒙主義を西ヨーロッパの啓蒙主義の結果とみなすのは事実に反する。クリスティアン・トマージウス（Christian Thomasius 一六五五―一七二八年）による〔ラテン語での講義という伝統に逆らってなされた〕いわゆる最初のドイツ語講義（『フランス人をいかに模倣するか』一六八七年）をドイツ啓蒙主義の始まりとするなら、時期的に見てその基本的思想がイギリスやフランスの初期啓蒙主義に由来するはずはない。イギリスやフランスの場合には啓蒙主義概念を広い意味で（ベーコンやデカルト以降を啓蒙主義として）理解し、ドイツの場合には啓蒙主義概念を狭い意味で（ヴォルフ〔Christian Wolff 一六七九―一七五四年〕やレッシング〔Gotthold Ephraim Lessing 一七二九―八一年〕以降を啓蒙主義として）理解するといった二重の捉え方をしない限り、ドイツ啓蒙主義はそれ自体独自で固有のものと理解できる。ドイツ啓蒙主義は、（初期段階は）文化愛国主義的な覚醒であり、精神的な（しかし宗教的でない）改革の試みであった。初期啓蒙主義にとっていわば運命の時となった決定的で本質的な歴史的転換は、ドイツ（この時代には不適切な名称だが）においては、ナントの勅令の廃止や名誉革命よりも早い時期に求められる。それは三十年戦争の終結であるヴェストファリア条約〔一六四八年〕である。ドイツ啓蒙主義の背景には、包括的な宗教的・政治的改革の試みが軒並み挫折した結果生じた宗派的・地域的分断があった。しかも、そうした問題を力ずくで解決することも不可能となっていた。このような状況下では、教会も、諸侯や皇帝も、民衆や市民も問題を解決することができなかった。世俗の理性の最初の勝利とも言うべきヴェストファリア条約は、政治的・宗教的統一を「断念」することによって、ある種の信仰の自由を確立し、その他の点では現状を追認し、既存の問題を（暴力を制限したうえで）是認するものであった。ドイツは昔も今も（現在でも）政治・世界観の紛争地域であった。啓蒙主義の切っ掛けは、政治的・宗教的な新たな事件ではなく、一地方の学術上の出来事、つまりトマージウスが提示した〔ラテン語から〕ドイツ語への移行というプログラムであった。啓蒙主義は、中欧の学問の世界において一介の教師がただの大学改革として始めたものだったのである。

このような状況で、神学・宗派・聖職からの離叛を通じて、抜本的な刷新、あるいは少なくとも段階的な改革が可能となり、そのためには何らかの精神の転換が必要になった。つまり、純粋なキリスト教の復興という試みを継続するか、理性の復興を新たに試みるかの選択であったが、事実上は、両者は同時に起こった。宗教は内面性へと後退し、思想は啓示宗教の問いから離れていった。正統信仰の殻に閉じ籠ろうとする宗教に対しては、敬虔主義が主観性を徹底することによって逆らう一方で、啓蒙主義は信仰と理性の合致という前提の下で、理性の客観性と独自の力を目指した。理性は、細心の注意をもって、神学による拘束から自らを解き放ってこそはじめて、希望の担い手となりえたのである。理性はまずふたたび自立して、制度化し政治的となった信仰と自由な関係を築かなければならなかった。実際のところ、理性のこのような自己解放は、プロテスタンティズムから、しかも理性的吟味を受け容れるルター主義の自己解釈から始まった。ドイツではそれ以外の途がありえなかったからだが、そこでは同時に、立ち往生していた改革を（新たな局面で）継続するという動機が少なからぬ役割を演じていたと言ってよいだろう。確かに啓蒙主義は始めから、本来のルター主義とは一線を画し、最終的にはそれと対立する立場をとるが、ドイツのプロテスタンティズムは、啓蒙主義を通じて世俗的な指導力を発揮したのである。

新たな現世的関心が強調されたにもかかわらず、もちろん十八世紀においても、宗教をめぐる問題はあいかわらず決定的な役割を果たしていた。ドイツは社会的身分にかかわらず、隅々まで宗教的な国であったし、それゆえに宗教闘争が絶えない土地柄であった。宗教は、正統信仰や敬虔主義の形で存在するだけでなく、啓蒙主義が理性的宗教の可能性を問う限り、啓蒙主義の思想さえも規定した。啓蒙主義者たちは当初、明らかに宗教的な問題の内にとどまっていたが（とりわけトマージウスの場合）、第二世代になると、包括的な哲学的神学を打ち建てる最初の大規模な試みに着手した（ヴォルフの場合）。さらに宗教的問題は、特に二つの形態において、つまり弁神論の問題と、人間の規定を問う人間論の中で扱われた。おそらく、神というものが以前にもまして合理的な原理となる一方で、世界一般および人間の生の意味がとりわけ疑わしくなったためであろう。十八世紀の中葉まで、キリスト教はなおも、思考が拠って立つ自明の地盤であった。ようやく十八世紀後半になって、啓示宗教がより広く問題となり、宗教をめぐる自由な論争が生じたのである。

全体として見るならば、啓蒙主義において宗教は変容し、もはや精神的な指導力をもたなくなっていった。それに代わって道徳が、先導役を務めたり、場合によっては代替宗教ともなる。道徳ははじめはまだ宗教によって根拠づけられているが、最終的には宗教そのものを理性だけにもとづいて根拠づける道徳が現れる。それはもはや個人的道徳ではなく、自明の原理から、法や最終的には国家をも正当化したり、国家のあり方に疑問を投げかけるような道徳であった。実践理性の体系的展開という流れに乗って、自然法学が予想を越えて勃興した。ドイツは、プーフェンドルフ（Samuel von Pufendorf 一六三二―九四年）とトマージウスから始まり、ヴォルフを経て、カントとヘーゲルにいたるまで、自然法学の土地であった。当初はさして注目されることもなかった新たな国際法（グロティウス〔Hugo Grotius 一五八三―一六四五年〕）、つまり戦争と平和の法と、同様に最初は無視されていた絶対国家の法（ホッブズ〔Thomas Hobbes 一五八八―一六七九年〕から、普遍的な道徳的義務論が誕生した。これは、教会に対して国家を擁護し、さらには国家における個人の権利を要求する。ある種の宗教とみなされた道徳からは、政治に対する批判的機能が引き出された。十八世紀の半ば以降になってはじめて、芸術も徐々に宗教の代替の位置を占めるようになり、そうした動きは、新しく自由な哲学的神学を大規模に展開するドイツ観念論にまで及んでいる。

この過程において、近代科学は当初さほど大きな役割を果たすことなく、ドイツの啓蒙主義を喚起する内部要因になっているようには見えない。衰退期にあったこの帝国は、コペルニクス（Nicolaus Copernicus 一四七三―一五四三年）とケプラー（Johannes Kepler 一五七一―一六三〇年）が成し遂げた天文学上の発見によって根底から揺さぶられ、中世の世界観の解体と、近代の世界観の形成に拍車がかかったのは事実である。また火薬や印刷術の発明といった技術革新もドイツから始まって、広範な影響をもたらした。しかしながらドイツには、ベーコンやデカルトのような人物、つまりプロパガンダや方法論、体系化を通じて草創期の科学に一般の人びとの関心を集める思想家がいなかった。また学問政治的な環境は、分断された政治的・宗教的状況に対応していたため、それも近代科学に不利に働いた。大規模な国立学士院《アカデミー》は、政治的・宗教的に不可能であったし、それぞれの大学も、各地の諸侯や教会の利害にあまりにも大きく左右されていた。実に多彩な領域でこの状況と闘ったライプニッツでさえ、根本的には全体の趨勢を変えることはできなかった。トマージウスが、自然法学の領域で啓蒙主義の口火を切ったのち、ようやくヴォルフのおかげで、近代的な数学的自然科学に対してもより広い関心が寄せられることになった。そのような関心は、確かにいまだ形而上学的観点――つまり旧来の広義の学問概念――に拠るところが多かったが、同時に最初の包括的な体系の試みという近代的な観点にも依拠していた。とはいうものの、旧来の折衷主義に代わるこのような普遍的で原理的な傾向は、ドイツ啓蒙主義では最終的に貫徹されえなかった。こうした普遍的・原理的傾向は、ふたたび新たな実用主義的・折衷主義に取って代われてしまう。批判的で同時に改良主義的な運動は、啓蒙主義の全面的な科学化に懐疑的だったのである。そのため、十八世紀のドイツでは、啓蒙と科学は別々の「プロジェクト」であった。両者は、認識のプログラムのうえでも異なった動機をもち、別々の形態をとった。さらに学問〔科学〕概念が狭義で厳密になり始めるにつれて、啓蒙と科学は、それ以前よりもますます離れていくのである。

ドイツでは、啓蒙主義の一つのタイプが展開された。それは、十七世紀末から十八世紀末にかけて、さらにそれ以降にも及び、「啓蒙主義」という名称がしっくりくるような、複雑ではあるが、根本においてかなり一貫した構造をもつ改革運動であった。この啓蒙主義は、既存の制度、とりわけ国家と教会を慎重に内部から段階的に改革し、しかもそうした改革の可能性を堅く信じていた。その啓蒙主義は、知の実践的な転換、とりわけ悟性による徳の涵養を期待して、認識の改善を通して世界を改善しようと努めた。それまでと同様に人間の救済や幸福（至福）が問題となったが、啓蒙主義では以前にもまして、地上での幸福が求められた。神学からの離叛と政治への転向がなされる。新たな改革は、少なくとも当初は、改革至上主義の目標を丸ごと受け入れていたが、理論のうえでやがて徐々に改良主義的自由主義へと展開されていった。ドイツの啓蒙主義者は、十八世紀後半以降は国家や教会からますます遠ざかったが、それでも全体としてはおおむね国家や教会に忠実であり、代表者はたいてい国家や教会の職に就いていた。

ドイツ啓蒙主義が克服しようとしていた当初の状況は、十八世紀のあいだ基本的情勢に関しては変化することなく、フランス革命にいたるまで啓蒙主義のあり様を規定していた。繰り返して言うと、ドイツは政治的・宗教的に分断された国家であり、世界観の点で多様な問題が存在していた。ドイツは根本的に、今日まで国民的統一を欠いた不安定な地帯なのである。もとより、宗派の分裂、とりわけプロテスタントの二つの宗派〔ルター派、カルヴァン派〕の相違は鋭さを失い、プロテスタンティズム全体が指導的な文化的勢力を成すにいたる。プロイセンとともに、精神的にも大きな求心力をもった地域勢力が成立したが、それでもなお、政治的・宗教的に独立した領域がいくつもしっかりと保持されていた。ドイツでは宗教的・政治的同一性が獲得されず、首都もなければ、自立した市民階層も存在しなかった。中心を欠き、国家を担う新たな社会階層も現れなかった。したがって最初は、国民的な包括的な文化も、国立劇場も、国立学士院も存在しない。すべての場所、あらゆる領域で、創造的な活力が細切れにされた状態に喘いでいたのである。

よく知られたこのような欠陥は、その反面で——あまり注目されていないが——大きな利点にもなっている。地域的な分断ゆえに、ドイツの知識人にはある種の自由があった。必要があれば、仕える主人をたやすく鞍替えできたのである。なるほどドイツには、国家の文化的中心として、知的な活力を惹きつけ育んでいくような首都は存在しなかったが、その代わりに多くの中心が並立し、地方においてさえも文化の分散と拡がりが保証され、都市と地方との格差や、首都と辺鄙な地方との落差はさほど大きくはなかった。宮廷と民衆とのあいだの溝さえ、フランスほど深くはない。たいていは宮廷そのものがかなり貧しく、領地も広くなかったため民衆との距離も近く、いやでも親密にならざるをえなかったからである。絶対的な支配権も、たかだか親族内で揮われる横暴の域を出ない。ドイツにも、ヴェルサイユ宮殿を模倣したようなものは存在したが、パリと地方との相違、ヴェルサイユ宮殿の豪華さと僻村の悲惨さとの落差がそのままドイツにも見られるわけではない。ドイツではとりわけ地域同士が競合し、しばしば同一領地内でも宗教的な競合がなされたため、さまざまな大学が並立し、政治・宗教上のさまざまな公権が犇めいていた。こうしてドイツ啓蒙主義は、ひとたび各々の大学間の連携が進み、開明的な官僚体制が生み出されるや、すみやかに驚くべきほどの拡がりを獲得していったのである。おそらくドイツでは、他の国よりも偉大な啓蒙主義者は少なかったであろうが、小粒な啓蒙主義者――地方の教区司祭や、村の校長、薬剤師、医師、弁護士など――をふんだんに輩出したことは間違いない。ドイツ啓蒙主義とは、これらの人びとの交流のネットワークや交流のプロセスであり、領地の境界を越えて、時には宗派や宗教の枠を離れて、政治的にも宗派的にも、かなり自由に浮動する文化として展開された。ドイツ啓蒙主義は、とりわけ敬虔主義に見られるように、内面性へ向かう一方で、教養ある読者層を生み出し、自由な議論の交わされる公共性を可能にしたのである。

おそらくは今も昔も変わらない気質の問題とも言えるが、ドイツ啓蒙主義は、いつもきわめて慎重な振舞いを見せるため、比較的安定した悠然たる印象を与える。葛藤は可能な限り（自己否定に接するぎりぎりのところまで）回避され、変更の余地のないところでは、総じて無駄な労力を費やしたりはしない。理性への希望にもとづいて、理性に関わるところから改良への意志が生まれるが、この意志は革新と伝統のあいだの理性的な中道を歩む。ドイツ啓蒙主義の哲学が、合理主義と経験主義のあいだ（たとえば、アリストテレスとデカルトの中間）の道を模索し、神学が真の信仰を無神論と迷信の中間と定義するのと同様に、ドイツ啓蒙主義全体も、一般的に段階的な改善を狙い（「すべてを吟味し、良きものを大事にしなさい」〔「テサロニケの信徒への手紙一」五・二一〕という聖句に依拠しながら、部分的には意識的な折衷主義が試みられる）、歴史的状況にもとづいた進歩を目指していた。つまり悟性と意志の善導（改善、完成）や、道徳と趣味の洗練、そして欠陥の克服と除去、是正を通じての文化の発展を目指したのである。ドイツにおける啓蒙主義は、（少なくとも現代から見ると）おおむね節度のあるものではあるが、覇気を欠いた穏健さではなく、携わる人物や事柄に相応で、自己と他者の認識能力の限界を意識し、特にいわゆる「盲目的な」啓蒙主義の危険を自覚していた（その危険も啓蒙主義の光に照らされなければならない）。概してドイツ啓蒙主義は、事柄のうえでは徹底した変革を要求してはいるものの、一回限りの革命ではなく、漸進的な改良を目指す。それは、人間が理性的になり、また他の人間を理性的にするという、教育的・政治的責任の意識をもって展開されている。ドイツ啓蒙主義の「光」は、照らすものではあっても、焼き尽くすようなものではない。

ドイツ啓蒙主義は、のちにカントも用いている言葉を借りるなら、「成熟した判断力」、ないし「判断力の成熟」を目指していた。無神論や革命への地均しだけでなく、他の特徴をも啓蒙主義の指標に含めれば、それは一定の成功を収めた。たとえば、拷問や魔女の焚刑の廃止を、そうした広義の啓蒙主義の指標とみなすなら、プロイセン絶対王政は、最も啓蒙の進んだ場所のひとつと言ってよいだろう。プロイセンでは、一七二八年に魔女の焚刑は廃止されたが、共和国スイスでは一七八二年まで続いている。拷問は、プロイセンでは一七四〇年に廃止されたが、自由の国スイスではようやく一八〇二年になって、イギリスと同君連合であったハノーファーでは、一八二二年にやっと廃止されている。宗教的少数派《マイノリティー》に対する国家の寛容という点を見ても、ドイツの状況は比較的良好であった。これとは対照的に、たとえば国民国家の中央集権的な組織や、工業化や商業の進歩を啓蒙主義の指標にとると、当然のことながらドイツは、国家としての統一を欠いていたために遅れを取っている。一般的に言って、啓蒙主義によってはじめて生じた自由の要求のような現代的基準を、そのまま啓蒙主義に当てはめるようなことは慎まなければならない。絶対主義的なプロイセンから「共和国」ハンブルクへと大規模な移住が起こることもなかったし、それどころか、統制がとれて繁栄を誇っていたプロイセンは、フランス人にとってすら魅力であったのは明らかである。それは何も、啓蒙初期のユグノーにとってだけでもない。ベルリンやポツダムはパリに太刀打ちできなかったが、フリードリヒ二世（Friedrich II 在位一六八一―一七〇八年）のプロイセンは、フランスの啓蒙主義者たちにとって、しばらくは模範となっていたのである。ヨハン・ゲオルク・ズルツァー（Johann Georg Sulzer 一七二〇―七九年）やアルブレヒト・フォン・ハラー（Albrecht von Haller 一七〇八―七七年）といったスイス人、そしてヨハン・ハインリヒ・ランベルト（Johann Heinrich Lambert 一七二八―七七年）のようなカトリックの人物がドイツ、とりわけベルリンにやってきた。こう見ると、少なくとも、すでにレッシングやカントが確立したある種の啓蒙主義は、「軍事機構」〔プロイセン〕の内部で成長したということになろう。プロイセンに対する批判は、フリードリヒ二世の歿後に始まった。それは、政治的自由の欠如を、もはや知的繁栄によっては埋め合わせられなくなったがゆえであった。ドイツの悲惨さは、のちの批判者たちが言うほど、すべての人にとって堪えがたいものではなかったのである。

こうして見てきたように、ドイツは啓蒙主義の土地であり、「啓蒙主義」という言葉を文字通り受け取るなら、ある意味では啓蒙主義の土地そのものでさえある。「啓蒙主義」（Aufklärung）の語は、典型的にドイツ的な特徴をもっており、イギリスとフランスにはそれと肩を並べるものがないというのはけっして偶然ではない。〔イタリア語の〕「啓蒙主義」（illuminismo）や〔スペイン語の〕「啓蒙主義」（ilustración）

や、他の概念と同様に、英語の「啓蒙主義」(enlightenment)も「開明〔照明〕」(illuminatio)の翻訳であり、のちの時代の精神科学によって、時代の名称として作られた概念である。「明るくする」(enlighten)という動詞、およびその分詞「明るくされた」(enlightened)は、十七世紀後半以来、一定の役割を果たしてきたが、時代の自己理解を集約した概念ではない。そのために〔イギリスでは〕、「啓蒙主義」ないし「啓蒙〔解明〕」を自称する行動プログラムも存在しないし、「啓蒙主義者」、「開明主義者」を名乗る実践者も存在しない。これに対してフランスでは、確かに「明るくする」(éclairer)という動詞は、分詞形「明るくされた」(eclairé)ともども、すでに早い時期から重要な役割を演じていたが、周知のように、その動名詞が啓蒙という活動やプログラムを指したり、名詞が啓蒙主義の実践者を意味することはなかった。「明るくする」ないし「明るくされた」という語が、ドイツ的な観点から、フランスで啓蒙主義に相当するものを名指すのに用いられたこともない(そしてそれは偶然ではない)。よく知られているように、いわゆるフランス啓蒙主義は「光」(lumières)と呼ばれ、啓蒙期は「光の世紀」(siècle des lumières)と言われる。ここには、「明るくする」(éclairer)という言葉との関連は見られない。フランスの啓蒙主義者たちは、ただ漠然と「優れた知性」(beaux esprits)とか「哲学者」(philosophes)と名乗っていた。一七〇〇年頃の先駆者や一八〇〇年頃の後継者まで拡大してそう呼ばれることもあるが、もともとは十八世紀中葉のかなり限られた文筆家集団を指すにすぎなかった。しかもその啓蒙主義はフランス国内では容認されず、実現不可能であったため、たいていの場合(プロテスタント出身のフランス初期啓蒙主義者がすでにそうであったが)国外に活躍の場を求めていた。「光の世紀」とは、「啓蒙期」や「啓蒙主義の時代」と言われるものとは別種のものなのである。一方イギリスに関しては、元来はドイツ的である概念に即しながら、啓蒙主義（enlightenment）の時代を語ることができる。十八世紀初頭は「黄金時代《オーガスタン・エイジ》」と呼ばれ、イギリス文学と哲学の絶頂期であった。しかしそれは、前後の十七世紀・十九世紀とゆるやかに連続しているのであって、いずれにしてもフランスや特にドイツのように、はっきりとした伝統の断絶は見られない。

狭義の「啓蒙主義」とは、まずはドイツに結びつけられるべき活動とプログラム、ないしは時代をあらわす概念である。その限りで、ドイツ啓蒙主義は、「啓蒙主義」の名称の源であり、理解の鍵を握っている。そのため、この概念をイギリスとフランスにまで拡張するのが正当であるかと問うこともできるだろう。啓蒙主義とはすなわち、ドイツで四世代以上にわたって展開された、かなりまとまりのある統一体なのである。政治的・宗教的な条件が比較的一定していたために、フランス革命の時代まで、啓蒙による段階的改良のプログラムが促進された。しかし個々人は社会との接点が弱かったため、常に自分自身へと立ち返り、自己改革を目指すことになった。そのため、トマージウスからカントまで、啓蒙主義に関して基本的に同じ比喩が用いられる。「啓蒙主義」という言葉は、とりわけドイツでは十八世紀以降、計画的活動や、それを規定する活動プログラムや、それによって一括される時代をも指すようになった。そして、活動・プログラム・時代の概念としての「啓蒙主義」という語が示す綱領的・歴史的な連関が存在するのも、ドイツのみだったようである。そこで、さらに強調してこう言うこともできる。すなわち、ドイツこそ、他のどこよりも啓蒙主義が自覚をもっていたからこそ、まさに啓蒙の土地なのだ、と。まさしくドイツは、現代にいたるまで啓蒙の土地である。おそらくは今日まで、どこよりも啓蒙について論じられるのが、ほかならぬドイツだからである（ドイツでは啓蒙主義がけっして自明のものとなっていないからだろう）。いずれにしても、「啓蒙主義」というドイツ語を厳密に理解し、ドイツに根ざした狭義のタイプの啓蒙主義を考え、しかもその自己理解に従うなら、ドイツはすぐれて啓蒙の土地である。ドイツのたいていの啓蒙主義者は十八世紀末にあっても、自覚的に内からも外からも（つまりドイツの諸侯に対しても、フランスの革命家たちに対しても）自らを区別するために、改良主義的な民族の啓蒙を「真の」啓蒙と呼び、唯一その名に値するとみなしていた。ドイツ啓蒙主義は、冗長さを厭わず、「真の」啓蒙主義の規範をあくまでも主張したのである。

（四）啓蒙主義哲学

ドイツが真に啓蒙主義の土地だったのなら、それはまた、啓蒙主義を代表する哲学の土地だったとも言えるのではなかろうか。啓蒙主義と哲学との親近性はよく知られている。哲学は、自らを啓蒙主義と規定することはなかったにしても、この時代を導く学問であった。フランス啓蒙主義者たちは、すでにその当時「哲学者」を名乗っており、世界的な視野をもってさまざまな原理的・時事的問題に携わる批判的知識人という意味で、紛れもなく哲学者であった。さらにイギリスでは、フランス以上に、少なくとも啓蒙期の前半には、重要で今日でも著名な哲学者が現れ、現代から見ても彼らを「啓蒙主義者」と呼ぶことは可能である。しかしドイツの啓蒙主義哲学に関しては、はたしてどれだけのことが言えるだろうか。ライプニッツとカントは、時代的に早すぎるか遅すぎるかの理由で、狭義の啓蒙主義に含めるのはためらわれるが、だからといって彼らを除外するなら、ドイツの啓蒙主義哲学について語るべきことが残るだろうか。そもそもドイツの啓蒙主義哲学なるものは、そう呼ぶにふさわしいものが存在するのだろうか。第一、十八世紀ドイツの哲学者としては、誰を挙げればよいのだろうか。

『哲学史講義』で、ヘーゲルはこう述べている。「ヒュームとルソーの二人が、ドイツ啓蒙主義の出発点である」(1)。十八世紀のドイツ人は「駄弁家」(2)ばかりだとも言われる。「この時代、徐々に外国の精神を受け容れ、かの地〔フランス〕で生み出された現象に関与しつつも、ドイツ人はライプニッツ＝ヴォルフ哲学の枠内でのんびり周遊していた」(3)。ドイツ哲学にとってのヒューム(David Hume 一七一一—七六年)とルソー(Jean-Jacques Rousseau 一七一二—七八年)の意味を強調するのは、有名なカントの自己評価にもとづいている。つまり、ヒュームによって「独断のまどろみ」から目覚め、ルソーによって正道に導かれたという、例の自己評価である。とはいえヘーゲルは、ドイツの啓蒙主義哲学者のみならず、ヒュームとルソーをも、「思考の堕落」の例として挙げている。とりわけヒュームが槍玉に挙がる。「思考がそれ以上深みのあるものにならない」(4)。しかしドイツ人は、「すべてに価値を認めて商売の種にする愚直な古物商である」(5)。いずれにしてもヘーゲルは、啓蒙主義を単なる悟性の哲学として蔑視はしても、その歴史的な役割を見定めようと努め、次のように記している。トマージウスとヴォルフは、「哲学の営みをドイツに定着させるという不滅の貢献を果たし」、しかもドイツ語で思考するということによってそれを行ったというのである(6)。このように、すでにドイツ観念論においては、ドイツ啓蒙主義に対する評価が表明されており、重点の置き所こそさまざまであるが、現代の啓蒙主義研究にまで影響を与えている。こうした評価は、事実にもとづいているのは間違いない。しかし他方でドイツの啓蒙主義哲学は、カントとヘーゲル、あるいは古典主義とロマン主義の陰にすっかり隠れてしまい、今日では、真っ先に克服されなければならない単純な無知から、多くの誤解が生じているのも否定しがたい。

ドイツ啓蒙主義の哲学は「世界知」を自称していた。パウロの用いた蔑称〔「この世の知恵」一コリ三・一九参照〕が哲学をあらわす高貴な名称となったのはドイツだけである。世界知としての哲学は、もっぱら世界〔俗世〕のことを主題にするだけでなく、世界をその受け取り手として想定する哲学であり、とりわけ意識して純粋に世界的（世俗的・自然本性的）な思考として自らを理解し、哲学と宗教との混同に逆らおうとする。世界についてのこのような哲学、もしくは世界のための哲学は、ドイツでは講壇哲学であり、当時のイギリスやフランスの著名な哲学とは異なり、少なくとも元来は、ほぼ例外なく大学教授によって展開され推し進められた。それは、大学において講じられる専門的哲学であり、また大学教授によって世間に向けて示される哲学であるという二重の意味で講壇的な世界知であるが、そこには、いささか浮世離れした哲学という意味合いも含まれている。ドイツの啓蒙主義哲学は、世間のための哲学でありたいと望んでいたにしても、やはりその出自において講壇哲学であることは否めない。啓蒙主義哲学には、講壇にふさわしい体系的で方法的に講じられる哲学から、一般にも理解可能な哲学的な談話までの拡がりがある。そしてたいていは不首尾に終わったにしても、同時にその両方であろうとする望みも稀ではなかった。その結果、啓蒙主義哲学は、根源的でもなければ洗練されてもいない、ただの通俗化された教科書的哲学に終わることになったのである。

哲学という面から見ると、一世紀以上にわたるドイツ啓蒙主義は、図式的に四つの世代ないし位相に区分できる。まずは、一六九〇年以前に始まって、一七二〇年くらいまで及ぶ初期啓蒙主義である。カントの姿に覆われた後期啓蒙主義は、一七八〇年頃に始まり、一八〇〇年頃まで続く。その間が盛期啓蒙主義だが、これは、啓蒙主義を浸透させるための講壇哲学色の強い前半(一七二〇―五〇年)と、啓蒙主義を普及させるための通俗哲学色の強い後半(一七五〇―八〇年)に分かれる。少なくとも最初の二つの位相は、指導的な思想家を中心に、トマージウスの世代とヴォルフの世代ということで理解することができる。通俗哲学が最盛期を迎えた続く世代は、今日でも、ザムエル・ライマールス(Hermann Samuel Reimarus 一六九四―一七六八年)やモーゼス・メンデルスゾーン(Moses Mendelssohn 一七二九―八六年)の名を通じて知られている。これに対して、より狭義の、もはや蔑称にもなっている通俗哲学は、新たな自己意識と自由の意識を展開する一方で、カントとフランス革命の引き立て役として、むしろ啓蒙主義のあわれな末路を示すものと捉えられた。こうして、ドイツの啓蒙主義哲学の四つの位相は、それぞれの特徴となる知的傾向にもとづいて、大まかにではあるが区別することができるのである。

ドイツ啓蒙主義の第一の位相のなかで傑出した人物、主導者と言えるのは、クリスティアン・トマージウスである。精神的な自己解放の活動において、トマージウスは、自らの育った正統的な世界観を打ち破り、世界に向き合う新しい自由な思考を要請した。新たな精神の未来へと大胆に足を踏み入れながら、トマージウスは従来の形而上学を、単なる思弁的ながらくた、あるいは無用で有害な瑣末主義として斥け、学識ある衒学趣味《ペダントリー》と闘い、それに代わって、ささやかではあるが現実問題としては重要な真理を生き生きと認識するよう要求した。万人に向けてのこのような哲学は、実用に耐えるものでなければならないし、いかにしたら立派に充足して生きることができるかを、誰に対しても示せるものでなければならない。解放の方法的手段は「折衷」であった。これは、「手当たり次第」という意味で「無方策」と言われるような方法ではなく、既存の多くの意見を理性的に篩い分けたのち、省察を通じて相互の一致を図りながら、とりわけ経験による裏づけを求めていくものである。篩い分けが正しくなされるなら、伝統と完全に手を切るのでもなく、いわゆるゼロ地点を出発点とするのでもなく、旧来の権威の圧力から解放されることが可能になる。つまり、デカルトに陥ることなく、アリストテレス（Aristoteles 前三八四―三二二年）の権威から解放されるという途である。そのためここではまず、現代風に言うなら、批判と思考の自由のための権利が重要となる。折衷主義は「体系批判的」であり、権威ある「思想体系」の一切に不信を抱き、これまで受け容れられてきた真理と、自ら（自分の経験と自分の思考にもとづいて）発見した真理とのあいだの相対的な――究極的に根拠づけられたわけではない――一致で満足するため、ここでは同時に人間の認識の限界が意識される。さらにまたこうした姿勢は、トマージウスが講壇哲学から取り入れた経験主義に対応している。一切の認識は、おおむね経験や、経験のとりわけ純然たる受容に依拠するため、根本的には理性的信念あるいは「哲学的信仰」に等しい。しかしその信仰ないし信念もまた理性の遂行である。理性は、真理と虚偽、善と悪を区別するに際して思考を妨げる意志の悪しき情緒的傾向に、理論的にも実践的にも逆らわなければならない。認識を阻害する利害関心の力は、それにもかかわらずどのようにして洞察されるのか、またその洞察は、循環的な自己克服ないし自己主張によって可能となるのではないかという問いが生じる。「非理性的な愛」という、原理的に精神分析を思わせる理論として示されるトマージウスの主意主義は、自己浄化や知的な啓蒙、および道徳的改善への希望を失わせる。しかしながら、哲学者および法律家としてのトマージウスは、彼が非理性的とみなしたものと闘い、多かれ少なかれ正しい理性（すべての人間における「理性的愛の火花」）を手放すことなく、偏見と迷信によって損なわれた理性が自己解明を通じて理性的になるという可能性を堅持したのである。

当初は啓蒙主義と密接と結びついており、徐々にそこから離れていった敬虔主義は、トマージウスの存命中に、思想的に大きな勢力となった。その一方で、ヴォルフとその一派とともに、新たな科学的な精神が浮上し始めた。それは、ただ部分的にのみ科学を模範としたトマージウスの啓蒙主義とは明らかに区別される。ヴォルフは元来が数学者でありながら、神学や形而上学に特別な関心を有しており、ライプニッツと同様に、近代の数学的・機械学的科学にも造詣が深かった。これは、近代物理学を表面的で危険なものとみなしていたトマージウスやその学派とは異なる点である。いずれにせよ、ヴォルフは科学を、仮説に関わる経験的な知としてではなく、デカルトやその後継者と同様に、体系的な普遍学ないし根本学と理解していた。哲学とは厳密な基礎学であり、究極的に根拠づけられると同時に、それ自身が根拠づけを行うものとして、諸学問のなかの最高の学問であり、学問そのものである。哲学固有の領域では、ヴォルフはトマージウスに比べて理論的関心が強く、より堅牢な理論をもっているという意味で、本質的により重要である。ヴォルフは、ドイツではじめて近代的な体系化を目指し、学問的哲学の最終的な根拠づけを行い、その帰結として、理性を思考と生の領域すべてに一貫して包括的に適用していった。啓蒙主義はこうして、概念の明確化を最重要の手段とする「学問」になった。いまや啓蒙主義は、生活世界の包括的な「学問化」を目指す。同時に、ヴォルフの哲学は、初期啓蒙主義によって後退させられた形而上学への要求を取り戻し、道徳を強調するトマージウス思想では不十分な扱いを受けていた宗教的要求にふたたび応じようともする。学問的形而上学の担い手として、ヴォルフは究極原理の認識を要求し、正しい実践の前提である真なる知識を求めることで、初期啓蒙主義では蔑視されていた哲学的伝統との繋がりを見出していった。ヴォルフはその伝統を、近代的なかたちで、いわば「幾何学的方法に則った」スコラ学として、いま一度あらためて再興しようとするのである。このような意図(そしてまた、「人類の指導者」たらんとする、かならずしも学問的でない野心も含めて)によって、ヴォルフは古典的意味での模範的哲学者となり、万人のための哲学とは明確に距離を取って、ふたたびラテン語へと戻っていったのである。その一方でヴォルフは、敬虔主義者たち〔ランゲ(Joachim Lange 一六七〇―一七四四年)など〕との論争によってハレからマールブルクへ追放され、それゆえに、元来の保守的な傾向にもかかわらず、新たな戦闘的啓蒙主義の旗頭に祭り上げられた。ヴォルフは、理性の新たな自立性を理論的にも実践的にも擁護しようとして、理性に新たな自己意識を付与している。そのため理性への希望は、長いあいだヴォルフという一人の哲学者の名前と結びつけられることになったのである。

ヴォルフの体系的哲学は、その内容と形式、方法論と普遍性によって同時代の人びとに強い印象を与えた。それは明晰で徹底していた。しかしもちろん、疑いの余地のない原理から始めて、疑いのない帰結に達するという約束を果たすことはできなかった。そのため、すでにヴォルフの存命中にも、あまりに冗長で回りくどく、革新性に乏しいその教科書哲学に異を唱えるのは、敬虔主義とトマージウス主義の陣営だけではなかった。いまや若い世代からの批判が、新たな講壇哲学における方法の衒学癖と「証明中毒」に向けられた。若い世代は、ヴォルフの体系的思想を、差し当たり克服することができるとは思わず、そのつもりもなかったため、よりわかりやすい「通俗哲学」で補完しようとしたのである。この通俗哲学は、厳密な学問的哲学をますます隅に追いやることになった(しかし間もなく通俗哲学そのものが、浅薄との悪評を招くようになる)。ヴォルフの方法に対する批判は、結局のところ、その最終的な解決に対する根本的な疑念、つまり哲学一般の可能性に対する根本的な疑念にもとづいている。新たな現実主義や実用主義が流布するとともに、明らかに懐疑主義的で諦念的な傾向が拡がった。そうした動向は、部分的には、七年戦争〔一七五六―六三年〕とプロイセンの勃興の結果、社会全体の状況が変化したことに対応している。すでに十八世紀の半ば以前から、ドイツの精神風土に変化が見られ、哲学者の思考態度を変えるだけでなく、初期啓蒙主義への影響を及ぼしていた。一方で、基礎的哲学が信頼を失うことによって、初期啓蒙主義へのある種の後退が生じていたし、さらに新種の折衷主義が現れ、今度はアリストテレスとデカルトとの中道ではなく、トマージウスとヴォルフとの中道を進もうと試みた。他方では、外国からの影響、とりわけヴォルフ的哲学に対抗するイギリスの経験主義的哲学に人びとは強く惹かれていった。それによって、美学などの新たな主題領域の発見が重要な役割を演じるようにもなってきた。啓示宗教や神学に対する理性の自己主張や自己確保によって、すでに潜在的に復権されていた感覚が、「自然本性」とともに、以前よりも素直に評価されるようになった。また、感受性の復権が流行となる以前に、トマージウスが「心のしなやかさ」を賞讃することで、傾向としてはすでに感情（「心」）は見直されていたが、いまや啓蒙主義哲学の中で、より高い位置づけが与えられるようになった。

こうして、健全な理性の哲学、いわゆる健全なる人間悟性〔常識〕の哲学に関心が向けられるようになった。しかも原理の能力としての「正しい理性」の意味ではなく、「良識」と「常識」の意味においてである。そこで、すでにヴォルフの支持者たちにも見られたように、世界のための哲学、あるいは「通俗哲学」という、もともとは古い理念が復興された。この理念がその後ほぼ二世代を席捲したため、さまざまな場面で、啓蒙主義と言えば通俗哲学とみなされることにもなった。十八世紀半ば以降の新たな折衷主義は、学問的・エリート的な哲学とは異なり、詳細な体系哲学とも違っていた。分厚い数巻もの教科書哲学に代わって、簡潔で明瞭な概論や、縛りの少ない――体系内部での確たる位置づけという課題に囚われない――小論文や論説が主流となった。通俗的な論述は新しさと話題性を狙い、随想《エセー》は慎ましく散漫ではあるが、革新の機会を次々と生み出した。しかし通俗哲学も、十八世紀後半の全盛期でさえ批判を免れてはいない。通俗哲学と並んで、相変わらず厳密な学問的哲学の努力と専門的哲学の続行がなされ、その模範としてヴォルフが忘れられることはなかった。体系的思考を担う新たな試みとして、ゴットフリート・プルーケ（Gottfried Plouquet 一七一六―九〇年）とヨハン・ハインリヒ・ランベルト、そして当然のことながらカントを挙げることができる。しかし後期啓蒙主義の哲学は、とりわけカントとフランス革命によって部分的にはなおも革新が試みられるにしても、全体としてますます守勢に回るようになった。啓蒙主義哲学は繰り返しに陥り、古い原則を新たな状況に頑なに当てはめるというように硬直化していった。その原理の範囲は狭まり、それを拡げるためには、原理そのものを破壊するほかに手がなくなったのである。

このように見ると、啓蒙の土地は哲学の土地でもあり、ドイツにおける啓蒙の時代は同時に哲学の時代だと言ってもよいのだろうか。ドイツは、啓蒙主義の時代に、すでに哲学の国だったのだろうか。もちろんその答えは、啓蒙主義と哲学の概念次第である。啓蒙主義を悟性と理性の発展を通じて進歩を求める努力と理解し、同様に、哲学をそのような精神の自己解明の過程と捉えるなら、すでに同時代人にとってそうであったように、啓蒙主義と哲学とのあいだには直接的な関係が成立する。その限りでドイツにおいても、啓蒙の時代は同時に哲学の時代でもあった。これに対して、狭義の哲学は十八世紀を通じてドイツで真に指導的な役割を果たしていたのかというのは、まったく別の問いである。さらに、啓蒙主義におけるドイツの哲学者は、当時他の国々の哲学者と肩を並べることができたのか、あるいは現在から見て、他の時代と国々の偉大な哲学者たちと同列に扱えるのかというのも、また別の問題である。最初の問いには比較的容易に答えることができる。ドイツにおいて哲学が精神的に指導的な力となったのは、なにもカントやヘーゲルがはじめてではなく、すでにトマージウスやヴォルフといった人物がそうだったのであり、彼らが当時の時代の思考を定めていたのは見間違いようがない。おそらくドイツでは、啓蒙主義の時代ほど哲学に対する関心が高まった時代はなかっただろう。また後半の問いに答えるのも——少なくともライプニッツとカントを狭義の啓蒙主義に含めなくてよいなら——同じように容易である。なぜなら、ドイツ啓蒙主義の哲学者は、およそ啓蒙主義の哲学者一般がそうであるように、かならずしも偉大で創造的な哲学者とは言えないのは明らかだからである。ドイツ哲学の偉大な時代は、(再びライプニッツを除外するなら)カントによって幕を開ける。もちろん啓蒙主義以降の哲学も、啓蒙主義以降の文学と同様に、啓蒙主義があってこそはじめて可能になった。したがって、ライプニッツとカントを度外視するとしても、それ以外のドイツの啓蒙主義哲学は、十八世紀のイギリスとフランスの哲学と比肩しうるものであるかという問いは残る。この問いに答えるのは容易ではない。その答えは、イギリスとフランスの啓蒙主義哲学者をどのように評価するか、啓蒙主義の哲学にとどまらず、哲学のさまざまなタイプをどのように位置づけるかによって、大きく左右されるからである。確かに哲学上の実際の革新は、特に認識論の領域では、最も早くはイギリスの初期啓蒙主義(ロック〔John Locke 一六三二一一七〇四年〕、バークレー〔George Berkeley 一六八五—一七五三年〕、ヒューム）に見出すことができるし、フランスでは（モンテスキュー〔Montesquieu; Charles-Louis de Secondat 一六八九—一七五五年〕とルソーを啓蒙主義者とみなすなら）十八世紀半ばに、とりわけ重要な政治理論上の考察を見ることができる。しかし第一級の体系的哲学や専門的哲学は、イギリス・フランスではほとんど見出すことができない。いずれにせよ、少なくとも一七六〇—七〇年頃には、ドイツの啓蒙主義哲学は当時のイギリス・フランス哲学を凌駕していたのは確かである。ドイツ哲学にとっては、イギリス哲学は浅薄で、フランス哲学は単に気の利いた文学にすぎなかった。ドイツの啓蒙主義哲学のこのような自覚がはたしてどれほど正当であるのかを見るためには、まずはドイツ啓蒙主義哲学をきちんと知らなければならない。今日までそれは、イギリスやフランスの哲学以上に、ドイツ観念論によって覆い隠されてきたからである。

以下の考察では、ドイツの啓蒙主義哲学に関して、実証的で表面的な歴史の記述が目的なのではない。〔ドイツ啓蒙主義哲学という〕ほとんど未開拓の領地に若干の道を拓き、講壇哲学という錯綜した藪の中にいくばくかの筋道をつけ、そうすることでドイツにおける啓蒙主義に関して、とりわけその初期の段階を解明することにしたい。(7) この分野は、（味気ない表現形態や、しばしば用いられるラテン語ゆえに）アプローチがむずかしいが、斬新な革新が最も早い時期に徹底して主張されたところであるため、きわめて重要な領域だろう。またドイツの初期啓蒙主義、および盛期啓蒙主義の前半期の哲学（トマージウス主義とヴォルフ主義）は、イギリスとフランスの啓蒙主義の影響がまだほとんど及んでいないという点で、ドイツの啓蒙主義哲学の独自で固有のあり方を見るには最適である。そこにおいて、ドイツ啓蒙主義とその哲学の自己理解に基盤が据えられたのであり、それはカント以前も、カント以降にも共通している。

ここでは、ドイツ啓蒙主義の自己理解を自己流の思弁のための単なる気まぐれや手なぐさみとみなすことなく、むしろドイツ啓蒙主義の自己叙述と自己反省とを、以下の考察の出発点と見定めたい。このような観点により、啓蒙主義の哲学が自己を明確化する二つの――これまであまり注目されてこなかった――形態を追跡することにしよう。つまり、哲学に関する、図像にもとづいた自己叙述と概念的な自己規定の二つである。こうして、直観的な（いわば外部や周辺からの）アプローチと、定義による（いわば内側や中心からの）アプローチという、二つの相互に対応し合う方途が見出されることになる。

原注

（1）G. W. F. Hegel, *Vorlesungen über die Geschichte der Philosophie*, *Werke in zwanzig Bänden*, Frankfurt a. M. 1971, Bd. 20, S. 311. Cf. S. 275, 280, 308, 365, 430.〔ヘーゲル『哲学史講義』全三巻、長谷川宏訳、河出書房新社、一九九二―九三年〕

（2）*Ibid.*, S. 292.

（3）*Ibid.*, S. 308.

（4）*Ibid.*, S. 267, 279.

（5）*Ibid.*, S. 308f.

（6）*Ibid.*, S. 258.

（7）ドイツ啓蒙主義に関する一般的な概観としては、H. Möller, *Vernunft und Kritik. Deutsche Aufklärung im 17. und 18. Jahrhundert*, 1989 を参照。十八世紀哲学の研究にとっては、いまだに以下のものが不可欠である。M. Wundt, *Die deutsche Schulphilosophie im Zeitalter der Aufklärung*, 1945 (reprint: 1964).

本書での解説は、部分的に以下の拙著に立脚している。*Die wahre Aufklärung. Zum Selbstverständnis der deutschen*

Aufklärung, 1974; *Aufklärung und Vorurteilskritik. Studien zur Geschichte der Vorurteilstheorie*, 1983; Akademische Weltweisheit. Die deutsche Philosophie im Zeitalter der Aufklärung, in: G. Sauder, J. Schlobach（Hg.）, *Aufklärungen. Frankreich und Deutschland im 18. Jahrhundert*, 1986. トマージウスに関しては同じく以下の拙著を参照。*Naturrecht und Liebesethik. Zur Geschichte der praktischen Philosophie im Hinblick auf Thomasius*, 1971; Vernunft und Freiheit. Christian Thomasius als Aufklärer, in: *Studia Leibnitiana* XI/1, 1979; W. Schneiders（Hg.）, *Christian Thomasius*, 1989. ヴォルフに関しては、W. Schneiders（Hg.）, *Christian Wolff*, 1983（2. Aufl.: 1986）を参照。

哲学の図像学

ヘーゲルの有名な表現によれば、哲学とは「概念の労作」である。事象を概念によって捉えようとする努力こそが思考なのである。確かにカントを始めとする多くの思想家も、概念にもとづく認識を重視している。しかし概念による思考も、知的に加工したうえではあるが直観を頼りにしなければならない。思考は、どうしてもなんらかのイメージや比喩を用いざるをえない。概念が概念によって説明されたり、概念がイメージ化されるというのは、良く知られたわかりやすい事例だろう。こうして哲学の言語は、多かれ少なかれイメージに溢れたものとなる。思考は、意図的であるかどうかはともかく、神話を語る物語となり、それを伝達するときもまた、イメージを通して物語を語っているのである。

とはいえこうした比喩は、言語的・文学的比喩であり、直観化とはいっても、あくまでも言語を通じて暗示されるイメージである。それらの比喩は、哲学自身が展開されているのと同じ媒体〔言語〕の中で展開されている。なぜなら哲学は、思考および思考の伝達であり、あくまでも言語と結びついているからである。これに対して、視覚的比喩、可視的図像の場合は事情が異なる。描かれ素描された図像といったものは、哲学の表現としては出番がないも同然である。なるほど、図像によってある種の哲学的思想をあらわそうとする、手の込んだ「形而上学的」画家の類は存在する。しかしこれは、少々次元が異なる話であり、別物と考えたほうがよい。哲学においては、思考の感覚的表現としての図像は、せいぜいのところ全体像の直観的図式化として限られた役割を果たすにすぎず、哲学を叙述する教育的な補助手段に用いられる程度なのである。そのためその図像は一般的に言って、関係を図示する若干の直線や矢印、あるいは概念の外延や範囲をあらわす円や桝目といったものに限られる。

ところが、十七・十八世紀の哲学では状況が違っていた。当時は、哲学者自身が発案し考案した図像によって自らの著作を飾り立てるというのが、いまだ当然の慣例であり、それによって失笑を買うようなこともなかった。哲学者は、他の分野の著者と同様に、自らの著作に銅版画を付すことで、その哲学的主張を象徴的に描き出し、教育的かつ効果的に、愉しみながら理解させせようとしたのである。もちろん図像化の試みは、それぞれの著作の内容に左右される。哲学上の主張のすべてが同じように図像化できるわけではない。しかしこのような図像の愛好は、印刷本の誕生どころか、手写本やそれに付される挿画の誕生としっかり結びついていた。書物全般、とりわけ書物のなかの書物としての聖書はかなり高価であり、本来は芸術品であるため、装飾が施されるのが当たり前であった。挿画によって内容を図解する聖書（いわゆる「貧者の聖書」）は、その気になれば文字の読めない人びとにも理解できる。このような視覚の欲求が、のちの十七世紀になって、感性的に鋭敏で刺戟に飢えた「バロック的」思考の隆盛によって強化された。さらに言えば、この「バロック的」思考は、類比《アナロジー》を好み、とりわけ比喩を愉しむ思考である。ここでは、すべての事物が他の事物の記号や象徴となり、万物照応《コレスポンダンス》が汎知の装いの下で主張され、普遍的な意味の網状組織《ネットワーク》のように再構成された現実が哲学の中にまで入り込む。思想内容を可視化することを求める当時の哲学の傾向は、一切を象徴として見ようとする同時代の一般的な嗜好と軌を一にしている。しかも啓蒙主義においては、類比による思考や、伝統的な象徴表現（隠喩や寓意の技法）が疑問視されたにもかかわらず、象徴を通して哲学を可視化しようとするこうした傾向は、なおも十八世紀まで生き永らえる。

とはいえ哲学書の図像化は、たとえその著者が「美的な」関心の強い人物であったにしても、きわめて狭い領域に限られる。まず第一に、複数の挿絵があるのは珍しく、せいぜいのところ一葉の扉絵が添えられるにとどまっている。もっとも扉絵の場合、複数の図像や一連の図案が組み合わされ、それによってある種の哲学史のようなものが描かれているような例はある。しかしながら一般的に言って、内容からも形式からも、その著作にそぐわない図像ばかりが目立つのも事実である。樹木、家、道、船、あるいは太陽、月、星といった定番の単純な象徴と並んで、なんらかの哲学的な基本概念――とりわけ関係性や運動――を可視化する新旧の擬人的表現も用いられる。しかし、まさにこれらのきわめて古い図像表現が、象徴的技法の変化を際立たせ、図像イメージの意図的な機能転換をうかがわせる場合が少なくない。モチーフそのものはたいていはきわめて古く、寓意画《エンブレム》に関する多くの手引書によって調べがつくようなものである。表現技法は、それぞれの時代の様式やそのヴァリエーションの枠内にすっぽりと収まっている。表現は、バロック的であったり、ロココ風、写実主義的、古典主義的などさまざまであるが、芸術的な水準は総じてさほど高くはない。これらはけっして大芸術ではなく、むしろ剽軽で微笑ましく、人形めいた脇役が添えられたしばしばなかなかに愛らしく魅力的な図像である。それらの多くは、飾りものの程度の他愛ない図像なのである。

こうした事情のため、軽率にもこれらの図像を本気で受け止めずに、ただ軽く素通りする誤解の危険がある。しかし、著者の注文に応じて作られた哲学書の扉絵は、その思想的な意図がおおむね著者自身に由来するため（著者が、出版社の要望に応じることはあるにしても）、ほぼ例外なく真摯に受け止めなければならない。部分的にはきわめて手の込んだ象徴的表現は、多くの場合、それぞれの哲学書に関するきわめて正確な知識を前提としているというのが、その理由のひとつである。さらに時には、哲学書の著者自身が扉絵の考案者を名乗るばかりか、自ら註釈することもある。この場合、当の図像は哲学の自画像とも言うべきであり、自身を茶化す意図などは微塵も働いていない。このような象徴的な自己描写は、今日では多かれ少なかれ才気溢れる遊びと受け取られ、それなりに高度の工夫を要するのは間違いない。それでもそうした叙述は、表現様式という点だけでなく、それを支える基本姿勢の点で、やはり素朴なものとみなされるだろう。

こうした哲学上の図像的技法という思考様式がすでに過去のものとなっている点を考慮するなら、解釈上の誤りの別の二つの可能性を明確にすることができる。そのひとつに、過剰解釈の可能性がある。近代の（啓蒙主義以降の）思考を古い図像へと投影する誘惑に駆られるのである。さらに大きな危険として、象徴的図像で表現されている内容のすべてを十分に読み取りえないという可能性が挙げられる（多くの図像が純粋な目の愉しみであるのは度外視しておこう）。図像の伝統そのものが衰退期に入ると、比較的抽象的な原理が可視化される。それらの図像は、ほかならぬ啓蒙主義自身によって解体されて中断した図像学の古くからの伝承の残滓である。そこで、こうした状況においては、哲学的主張の象徴表現をいまあらためて解読し、それを再び言語化し、自ら語らせるというのが、何よりも肝心となる。そこで、まずはそれら象徴的表現を順を追って紹介しなければならない。なにしろ今日では、とりわけ印象的な扉絵——狭義の啓蒙主義には属さないアタナシウス・キルヒャー（Athanasius Kircher 一六〇二—八〇年）、トマス・ホッブズ、ジャンバッティスタ・ヴィーコ（Giambattista Vico 一六六八—一七四四年）のもの、そしてクリスティアン・ヴォルフの若干のもの——も含めて、哲学を画像によって表現する手法は忘れられてしまっているからである〔巻末「訳者解説」参照〕。

以下において紹介できるのは、ほんの一握りの哲学書の扉絵にすぎない。ここでは、哲学や個々の哲学者についての概括的ないし基本的主張を含む表現に限定せざるをえない。それは啓蒙主義の寓意《アレゴリー》、言うなれば「理性の寓意《エンブレム》」なるものとして、図像を介して解明〔啓蒙〕を行おうとするものである。そのため、たとえば自然哲学の著作に見られるような、内容を図解するだけの一覧表はあらかじめ度外視する。またここでは、必然的に初期啓蒙主義の著作を中心に紹介することになるが、それはこの時期の著作がとりわけ図像に傾倒しているという理由による。十八世紀中葉以降、哲学書を図像で装飾する傾向はますます減少し、世紀の終わりにはほぼ完全に消滅する。それはおそらく、書籍の大量生産という新たな動向の結果というだけでなく、哲学的な思考形態そのものが変化したためであろう。

（一）真理へのさまざまな道

哲学と芸術の双方に関わる図像を考察する手始めとして、ドイツ啓蒙主義の最初の著作とも言えるクリスティアン・トマージウスの『宮廷哲学入門』を取り上げることにしよう。これはトマージウスの最初の哲学的著作であり、一六八八年に私家版として「著者によって」公刊された（図1）。この著作においては、アリストテレスをあれこれと論駁しているにもかかわらず、アリストテレスと同様に、中庸こそが善とみなされる。「中間の道」こそ王道であり、二つの邪道――この場合は、デカルト派の先入観とアリストテレス学派の愚かしさ――の中間の「黄金の道」である。ここでは、（宗教的神話や教訓詩に再三現れるような）正道と邪道の単純な二者択一ではなく、（哲学や政治学においてはしばしば示されるような）二つの誤った選択肢に挟まれた第三の道が重要とされる。したがって、「ヘラクレスの選択」（決定的な二者択一）ならぬ「トマージウスの三択」というわけである。扉絵にきわめて単純明快に示されているように、トマージウス自身が（上着の下から悪名高い騎士の剣をのぞかせつつ）真理の探求者として手前に立ち、傍にいる二人の偽りの忠告者がそれぞれ別の方向を指し示している。自ら考えるという中央の道が、まっすぐに真理に向かう。（女王として擬人化された）真理は、遠く高い位置で玉座に坐して奥のほうに描かれており、王権のしるしである錫杖を手にして、流行の洗練された衣装で着飾った廷臣たちに取り巻かれている。その左側には同じ女性が鏡に映り、デカルト派の見せかけの真理をあらわしている。右側にはすでにかなり高齢となって衰弱した「アリストテレス哲学」が描かれ、古風な礼服をまとった数人の教授たちに支えられている。この図像が伝えようとしているメッセージは明らかである。啓蒙とは真理へ向かう理性的な道の選択であり、しかもそれは誤った選択肢から批判的に距離を置くことであるというのが、そのメッセージである。中間の道は、哲学においても最善の道なのである。

人生や思索を「道」や「旅人」になぞらえるのは、きわめて古くから行われている。しかし、正しい道の選択は、いつでも新たな課題となる。いわゆる人生の分かれ道というほどではなくとも、選択はその後の人生を左右する。そのため、宗教や芸術がすでに早い時期から「道」や「旅人」という比喩を用

図 1　トマージウス『宮廷哲学入門』（Introductio ad philosophiam aulicam, 1688），第 2 版（1702）

い、その教えを道案内として表現していたのは当然である。その場合は一般的に、一つの道があらかじめ存在していることが前提となっており、いわば道なき荒野にこれから道を敷かなければならないというのではない。道の選択においては、所定の正しい目的に向かうために適切な道を選ぶだけではなく、暗黙のうちに目標の選択も含まれる。この場合、どの道がどの目標に達するのかは不分明ではあるのだが。決断を迫るこのような状況を最も簡単に示すのが、二股の道、あるいは道の分岐であり、伝統的にジレンマ、または二者択一と言われてきたものである。その二者択一においては、二つの側面は例外なく等価（中立的）と考えられ、常に良い可能性と悪い可能性、またはより良い可能性とより悪い可能性が示される。右の道と左の道、広い道と狭い道などといった、良く知られた比喩が用いられる。こうした図像では二者択一が明瞭に示されているため、端的な「あれか、これか」があらわされている。選択を迫られた人物がたとえ決断のために力を振り絞らなければならないにせよ、この選択は、事柄としては単純である。これに対して、道の三分岐ないし三叉路の場合は、当然のことながら状況はより複雑になる。これは、トリレンマ、すなわち、三つの可能性のなかでの決断という課題である。通例の比喩からわかるように、中立的なトリレンマ、あるいは三つの等価の可能性が問題になることは稀であって、むしろたいていは、いわゆる第三の道を求めるというかたちで、二つの誤った道を避けて唯一の正しい道を採ることが重要になる。（単純な二重ないし二種の代わりに）三重ないし三種という思考のイメージを前提に、（極端、危険など）目前の二つの誤った道のあいだで、誤った選択肢を避けて（ne-utrum どちらでもなく）、唯一の正しい、たいていは規範となる正しい道——通例は中央の道——の発見が求められる。こうした三肢の道というイメージは、芸術や宗教においては、単純な二肢の道のイメージほどには重要な役割を果たしていないように見える。その理由としては、三択のほうがより複雑であり、明確な「あれかこれか」に比べて劇的な対比に欠けるということもあれば、三項からの選択というものが、〔三位一体などの〕聖なる数である三のイメージに反するからでもあっただろう。それにもかかわらず、ギリシア神話においても、三人の女神から一人を選ぶ「パリスの審判」といったものはあるし、三つの財宝から一つを選んだり、〔道の比喩と結びついてはいないが〕人生の三つの目標のうちから選択する物語も存在した。さらには、すでにホメロスには、同様に三という数に関わるイメージが見られ、致命的な危険〔スキュラとカリュブディス〕へと導く二つの道のあいだに、正しく唯一可能な道が求められる〔『オデュッセイア』第一二巻参照〕。同じく聖書においても、左右の邪道に陥らずに、正道を保つようにとの警告がなされている。いずれにしても、正しい中道、ないし黄金の中庸は好んで語られ、諺のようになっている。真理は中央にあり、中道こそが最善で、たいていは最短の道なのである。たとえばローマ法でも、二つの対立する極端な意見に挟まれた中間の見解が最も信頼に足るという、実用主義的な原則が通用していた。哲学においてもまた、中央の真理という見解は、すでに早い時期から語られている。周知のようにアリストテレスの倫理学においてである。そこでは、徳とは、過ちや悪徳とみなさざるをえない誤った極端に挟まれた正しい中間のことである〔アリストテレス『ニコマコス倫理学』第二巻参照〕。その場合、誤ったあり方とは、本来求められるべき態度の「過剰」と「不足」である。勇気とは、向こう見ずと臆病との中間であるが、それは二つの悪徳と同じ次元に〔両者の平均として〕あるわけでなく、両者より高い場所に位置づけられる。徳とはいわば三角形の頂点であり、下辺の両端が二つの悪徳であって、両者は単純な二者択一になっている。こう考えるなら、「中庸」の理論自体は、平凡を説くものではなく、悪い意味での「凡庸」を推奨するものではない。基準としての中庸は、平凡や月並みさではなく、むしろ正しい中間を堅持するための溢れる力を要求する。一般的に言って、誤りとみなされるジレンマの代わりに、その二つを越えたかたちで三番目の可能性が置かれ、その第三のものが基準ないし新たな可能性とされることで、以前の選択を誤った二者択一として格下げし、克服するのである。

トマージウスの三叉路のイメージは、その寓意扉絵ではアリストテレス主義を批判しているにもかかわらず、実際は少なからずアリストテレス主義の影響を受けている。とはいうものの、ここで示される中間の道は、過剰と不足の中間という意味での徳の道ではない。一方では確かに、誤謬に導く二本の逸脱の道の中間に正しい道があり、それはスキュラとカリュブディスのあいだの唯一の道である。しかしながら他方ではトマージウスは、二方面の善の中間の批判的選択(折衷)、ないしその積極的な統合にも努めている。近代の初頭から、とりわけドイツ啓蒙主義の哲学においては、これと似た仕方で繰り返し第三の道が模索された。このような思考のイメージを援用して、カントは「批判」を、独断論と懐疑主義のあいだの「正しい中間の道」として規定することができた。そして、抽象的な悟性的思考の袋小路を極力避けようとしたヘーゲルの弁証においてさえも、思惟はなおも第三の道である理性の道を求めるのである。哲学とは明らかに、すべてがそうではないにしても、第三の道を探求するものだと言えるだろう。

正しい道を模索する者は、道を教えてくれる者に助けられる。彼は、自分に道を教えてくれる人物の出現を期待しているのである。人工的な目印によって向かうべき方向を示してくれるような標識は、その土地の風景の中にかならずしもふんだんに存在するわけではないため、探求者は、必要とあらば、樹木や石の塚などの単純な目印をも探そうとする。自然の道標や方向指示、より正確に言うと、道や方向の発見やその堅持に役立つような自然の基準点や照準点などはやはり存在する。たとえば、太陽や、太陽のそのつどの位置、また夜になると月の他には北極星や大熊座などである。とりわけ、陸路と違って、土地の中の自然物によって方向を定めることのできない航海では、方向を示す人工的な目印——たとえば人間の手で建てられた灯台など——の手がかりが得られない場合は、導きとなる星が頼みの綱となる。

古くから誰しもが経験する「旅」という状況になぞらえて、方向を定めるという問題が、人生の問い、または思考における方向指示の問題に見立てられたのは明らかである。思考において、あるいは思考によって自らの正しい道を模索している者は、方向を定める手助け、つまり精神的な導きや道標を必要とする。古くから普通になされるように、精神を船にたとえ、人生を航海になぞらえるなら、道を模索する者が捜し求めるのは、大空の定点や陸上の灯台である。啓蒙の哲学は、このような思考の状況をきわめて直感的に意識していた。「思考における方向定位」〔カントの論文名〕に対して、「導きの星」や「導きの糸」、「コンパス」、その他の「導きの手段」を探求したのは、ひとりカントのみではないのである。

一六九七年にザムエル・グロッサー（Samuel Grosser 一六六四—一七三六年）は、『知性のファロス島、あるいは精選論理学』（図2）を公刊している。クリスティアン・ヴァイゼ（Christian Weise 一六四二—一七〇八年）とトマージウスの影響を受けたグロッサーは、一方で「新旧の折衷」を狙い、他方で宮廷における「政治的」活動を目指す初期啓蒙主義の傾向を代表している。この著作の扉絵では、論理学が知性を導く〔ファロス島の〕灯台として推奨され、スキュラとカリュブディスの中間の正しい道を進むように忠告がなされる。理性の帆船ノーナウティカ（noonautica）は、「誤謬の岩礁」（scopuli errorum）と、「無知の岩礁」（scopuli ignorantiae）のあいだを進み、「偏見の潮」（fluctus praejudiciorum）に乗り、「真理の町」（Alethopolis）の港に入航する。それは、知性という灯台の人工的な光、すなわち「人工の論理学」（logica artificialis）に誘導されてのことである。もちろん、現代の解釈学者ならただちに、理性の船が誇らしげに蹴立てている「偏見の潮」は、同時にその船を担い運んでもいるのだとでも言うだろう。それに気づかないことこそ、啓蒙主義に特有の愚かさだとでも言わんばかりに。

　理性の船が真理の港に入航するとき、知性は太陽や月や星を目印としているわけではない。知性は、自力で方向を定めるのであり、しかもその際には、論理学という方向決定の手段を用いている。確かに灯台の光は、道を照らす光源ではなく、方向を決める定点となる光点である。しかし、方向決定の意志と必要のある人間にとっての助けとしては、他の準技術的な手段も存在する。それは、北極星を指して方角を示すコンパスであったり、迷宮の出口に結びつけられて十分な長さをもつことで迷路から出る確かな道（帰路）を示す「導きの糸」（「アリアドネの糸」、「迷宮の糸」）である。それゆえに、哲学者たちが思考の中でより良い方向づけを目指して、たとえば原理のような確実な固定点だけでなく、精神の指針、ないし精神の導きの糸を求めてきたというのも当然である[1]。哲学者は（とりわけ方法論の提示者として）、自身の手によって精神的な秩序を新たに生み出す必要を自覚した場合、基準線や尺度、「試金石」または「鍵」を捜し求める。それらの比喩は、多くの思想家が――カントでさえも――好んで用いている。そしておそらく多くの哲学者は、今日においてもなお、それと知らずに「賢者の石」を捜し求め、たとえば論理学者なら（方向を示す）「占い棒」の役割を担おうとしている。「占い棒」は、当時すでに、方向決定の手段としては、技術的というよりは魔術的なものとみなされ、その効果を信じるのは迷信では

図2　グロッサー『知性のフォロス島，あるいは精選論理学』(Pharus intellectus sive logica electiva, 1697)

ないのかという議論がかまびすしくなされていた。それにもかかわらず、啓蒙主義の初期の段階で、占い棒の比喩がかなり一般に用いられたというのは、やはりそれなりの理由があったのである。

「占い棒」は土地の方向を示すものである。財宝の探索者を自任する真理探求者は、この占い棒を必要としている。このような意味で、すでにクリスティアン・ヴァイゼは、占い棒で鉱脈を探る探求者を描いた扉絵を、著書『論理学教本』に付している。しかしこの扉絵は、一六八〇年の初版ではなく、一六九〇年の第三版ではじめて添付される。おそらくここには、トマージウスが〔一六八八年の『宮廷哲学入門』の扉絵で〕示したように、正しい道を選択するには方向決定の手段が不可欠であるとする考えが反映しているのであろう（図3）。ヴァイゼの場合、入り組んで、ちょうど迷路のようになった道の前景に、占い棒で鉱脈を探りながら徘徊する人物が大きく描かれている。この人物は、髭を蓄えた哲学者であるが、教授のガウンではなく、素朴な職人の衣服を身にまとっている。視線を遠方や天に向けて、そこここでその土地の正しい道、というよりも地下の道を見出そうとしている。彼は財宝の探索者なのである。最初の探索はすでに成功していて、「哲学的な」助手の助けを借りて成し遂げられている。ケーブルウィンチが地下に降ろされ、さらに坑が掘られるところである。煙を烈しく吹き上げている背景の溶鉱炉では、すでに純粋な金属が取り出されている。このような金属の獲得は、小さな天使が天に横断幕を掲げているように、明らかに「真理」（veritas）を目指したものである。〔大地に書き込まれているようにに〕（占い杖の助けによって）「探求される真理」（veritas quaesita）から、（ウィンチを使って）「見出された真理」（veritas inventa）へ、そして（溶鉱炉によって）「吟味された真理」（veritas probata）へといたる。それを可能にするのが論理学なのである。

図 3　ヴァイゼ『論理学教本』(Doctrina Logica, 1680; 第 3 版 1690), 1731

同様の観点から、ヨハン・ヤーコプ・ジュルビウス（Johann Jacob Syrbius 一六七四―一七三八年）は、その著書『第一哲学綱要』（一七二〇年）の扉を、占い棒を用いる探求者の図像で飾っている（図4）。その際、哲学は全体として、採掘事業のイメージであらわされている。図像はいくつかの層から成り立っており、そのうち中央の層が最も重要で、占い棒をもつ探求者の活動が描かれている。その人物は、地下に隠された財宝への道を教えてくれる占い棒を食い入るように見つめている。心を集中すると同時に、これから起こるかもしれないことに対して心を開きながら、その人物は自ら、隠れた真実を探知する計測器になろうとしている。〔上段の横断幕にあるように〕「熱狂もせず、無頓着でもなく」（Nec adfectu nec neglectu）、目当ての財宝を採掘する道具はすでに左隅に用意されており、また見ての通り、貴金属を入れた籠が引き上げられている（発掘されている）。何よりも前景には、占い棒の探求者がいわば探りを入れている領域、つまり（観賞者に対してだけ）剝き出しになった地下へとウィンチが降ろされている。その地下の坑道では、ごく小さく描かれた人物が両手を使って作業をしており、火花が散っているのが見える。その小さな人物は、いわば下働きの汚れ仕事に当たっているのである。彼はすでに鉱石の山を掘り出したが、おそらく、坑道全体をも掘り尽くさねばならない。これに対して、地上のもう一方の人物は、さらに解明を求めている。一方は闇の中にいて、他方は光の中にいる。問題は、この二人の人物が互いにどのような関係にあるかという点である。地下の第二の人物は、哲学的には単に補助的な力であって、ある意味で二流の思想家にすぎないのだろうか。それとも、占い棒による探求者というよりも土竜《もぐら》を思わせるとはいえ、やはりある種の哲学者なのだろうか。占い棒の探求者という姿であらわされている哲学者は、自らのために他の哲学者を採掘人として働かせ、いわば思考をさせる――つまり、首を突っ込

図 4　ジュルビウス『第一哲学綱要』（Institutiones philosophiae primae novae et eclecticae, 1720），第 2 版（1726）

み、穿鑿させる――ようになるのだろうか。ことによると哲学には二つの種類があり、「予感」と「労働」という二つの哲学的営為があるのだろうか。しかし、暗黒の坑道にいる採掘人と、明るく開けた場にいる占い棒の探求者、すなわち「洞察者」は、実は一人の同じ哲学者が二人の人物として描かれたものだというのも、またありうることだろう。

占い棒をもつ探求者は隠れた水源や鉱脈、とりわけ大地に潜む貴金属（銀）を捜し求める。これを見る限り探求者という哲学者のイメージは、採鉱という比喩を大枠としており、旧来の農耕という比喩とは対照的である。啓蒙は確かに「魂の耕作（文化）」（cultura animi）ではあるのだが、哲学は、単純な耕作、種蒔きや栽培で満足しようとはしない。哲学はむしろ、地底深くに眠る秘宝を探る採鉱ないし採掘の事業になぞらえられる。哲学の産物は、露天掘りで得られるものではなく、哲学はいつでも宝捜しに似ているのである。しかも、幸運や努力の賜物も、たいていは、そのままのかたちではまだ役に立たない。それが秘めている輝きを発揮させるには、精錬と加工がなされなければならないのだ。啓蒙とは「精錬（純化）」（clarificatio）である。そのうえ、啓蒙は真理の探求と自己啓蒙に尽きるのではなく、真理の伝達や、他者に対する啓蒙でもある。それは情報伝達や解放である以上、常に教育的かつ政治的であり、歴史的には、まずは教育的傾向、ついで政治的傾向を帯びるようになった。初期啓蒙主義の教育的性格は、古来の習慣にならい、農耕や採鉱の比喩で表現される。その場合、探求され、見出され、さらに精錬された貴金属とみなされるのは、真理ではなく、人間の魂そのものである。魂自身が、手塩にかけて育てる耕作を必要とし、まさに教育や陶冶を要するのである。初期啓蒙主義においては、こうした過程はなおも（人間に伝えられるべき知識に力点を置いて）「学識」や「博識」を目標としている。「学識」

(Gelehrtheit) や「博識」(Gelehrsamkeit) というドイツ語の言葉は、その過程と結果である「陶冶」(Bildung) を意味するラテン語の「教養〔博識〕」(eruditio) に対応する。この「教養」(eruditio: e-ruditio) とは、「未熟さ」(ruditio) からの脱出や解放という原義をもち、その用法は、啓蒙主義に関する議論に際して、カントにも影響を与えている。啓蒙の元来の意味は、教育、陶冶ないし文化〔耕作〕なのである。なるほど悟性の改善という意味での狭義の啓蒙主義は、ただ「教養」という要素のみをもっている。論理学は、普遍的な道具ではあるが、広い意味の博識のごく一部にすぎない。啓蒙主義の概念には、別の概念内容を引き寄せ、自身の内に吸収しようとする傾向がある。啓蒙主義は、文化一般に同化したり、少なくとも（メンデルスゾーンの場合のように）教養の一翼、つまり文化の理論的側面を担うという自負をもち始めるのである。

教育を要とする啓蒙主義の自己理解の開始は、とりわけヨハン・クリスティアン・ランゲ (Johann Chritian Lange 一七二三年歿) の『教養の基礎』(一七〇六年) の扉を飾った銅版画に鮮やかに描かれている(図5)。しかもこの図像は、著者自身のいささか稚拙な詩によって解説されている。

　出版社の求めに応じて付した銅版画の解説

人間にとって教養とは何であるか。
そのことを、この画は金属をモデルに語っている。
三様の光景が描かれて、

徐々に改善が進む姿をあらわす。
まずは高貴な金属が暗黒の地下から掘り出され
少なからぬ労力をかけて日の下へと取り出される。
まだ荒削りのままであり、
その貴さが見出されることなく、放置されている。
ついでまずは炎の灼熱が加えられる。
それによって、粗野な鉱滓が取り除かれる。
熟練工の手でさらに作業がなされると、
一切が精練へと向かう。
この状態を経てこそはじめて、
まさにここに高価なものが姿を現すのだ。
それは、王侯の接吻にも似ていよう。
こうして精錬を経て、ついに時を得て獲得される。
こうしたイメージは、人間にはどのように当てはまるのだろうか。
誕生が、最初の段階になぞらえられる。
養育が第二の段階である。そこには希望の光が見られる。
第三の段階で、ようやく徳が達成される。
こうしたことに注意を向ける者には、この絵解きが得心ゆくだろう。

図5　ランゲ『教養の基礎』（Protheoria eruditionis, 1706）

上昇しようと望む者は、段階を昇っていかなければならない。荒削りのものが、時とともに精錬されたものとなるならば、それは、初めは精錬途上のものと呼ばれるのだ。

啓蒙主義とは活動であり、それも教育活動、とりわけ他者の啓蒙ないし教育である。啓蒙されるべき者、あるいは子弟に対するこのような啓蒙や教育が労力を要する過程であるというのは、トマージウスからカントまでのドイツ啓蒙主義が示した真理――啓蒙を妨げる最大のものは、政治的な狂信者や非開明主義者ではなく、むしろ自己自身なのだという真理――の一部だが、これはともすると忘れられがちである。啓蒙に対する外的な障害の除去は、いかなるときにも必要ではあるが、それだけで啓蒙の成功が保証されるわけではない。人間が啓蒙可能であり、啓蒙への意志を抱くとしても、それはごく限られた範囲にすぎないからである。

(二) 対比的図像

啓蒙主義の哲学は、道の選択、航海、採掘(それに続く金属の精錬)として描かれている。しかし天空を飛翔するようなイメージだけは用いられていない。啓蒙主義の敵対者たちは、まさにそのようなイメージ、要するに高望みをする無茶な飛翔といったイメージを啓蒙主義に押し付けようとしてはいたのだが。啓蒙主義者たち自身は、自らを飛行者として思い描いてはいないし、イカロスの飛翔をふたたび行おうとしていたわけでもない。彼らはもっぱら大地を正しく、より良く整えようと望んでいただけなのである。そのために飛行は啓蒙主義の比喩としては用いられていない。とはいえ哲学をあらわすには、採掘のイメージ――地下での掘削とそれに続く加工、溶融、精錬といったイメージ――とは別のものも存在する。すなわち、理性の建築術や、個々人の構想に従って、精神の建造物を自由に構成し、調整するというイメージである。哲学とは「建築術的哲学」（philosophia architectonica）であり、それゆえにまずは「基礎的哲学」（Fundamentalphilosophie）である。建造物、あるいは建築としての哲学のイメージが今日いかに普及しているにしても、それが流布し始めたのは近代になってからである。つまりそれは、近代的な体系の思想や、そこに含まれる体系の整備という哲学解釈が発展して以降のことなのだ。こうした思想は、一部で明白な抵抗に遭いながらも徐々に拡がっていった。そのために、建築の比喩を用いることは、初期啓蒙主義では慣例となっているとは言いがたい。この比喩は一般的には、別の観点から規定されていたのである。その場合に哲学は、真理ないし知恵の神殿、バベルの塔、商店などの建物によってイメージされた。

哲学を仕事や「商売」になぞらえるのは、十八世紀の人びとの目から見ても、「古い」やり方である。すでにソクラテスが、「汝の〈職業〉（pragma）は何なのか」と自問しているし（『ソクラテスの弁明』二〇c）、カントやヘーゲルも、臆せずに「哲学という仕事」などと口にしている。十八世紀初頭にはアンドレアス・リューディガー（Andreas Rüdiger 一六七三―一七三一年）が、商業都市であり見本市が開かれたライプツィヒにおいて、哲学を真当な商売とみなすイメージをさらに強調している。哲学は、自らの思想を伝達しようとするものであり、その点では、売り買いの行われる商店と似ている。そのためこの比喩は、ヴォルテール（Voltaire 一六九四―一七七八年）がのちに教会を「売店《ブティック》」と呼び貶めたような意味で用いられているわけではない。リューディガーの一七一一年の著『総合哲学』の扉絵では、新旧の商店の対比がもくろまれている（図6）。それはもはや、アリストテレス主義者とデカルト主義者との対立を批判的・折衷的・総合的に克服するのではなく、最新の哲学と旧来の哲学すべてをはっきりと区別している。小奇麗で新築の建物の右隣には、その影に気圧されるかのように、怪しげな老商店主（「古参《ベテラン》」Veterarius の文字が描かれている）の営む薄暗く乱雑な骨董店がある。それは、古いガラクタ、つまり伝統的な理論を商う哲学の古物商であり、立ち寄る者とて誰もいない。その左には、新人（「革新者」Novator の文字がある）の経営する明るく整理された店舗があり、そこで売られているのは、最新で立派な品ばかりである。店主は、自負心がありながら人当たりの良い人物で、感じの良い顧客が立ち寄っているところからわかるように、良質な情報を取引している。新しい商品は、質も外見も満足のいくものである（「物も見栄えも良い」Re specieque placent）のに対して、古い襤褸《ぼろ》は質も悪ければ満足も与えない（「物も見栄えも不十分」Re specieque carent）。初期啓蒙主義は、自らの勝利にすっかり自信をもっているようだ。初期啓蒙主義とともに新しい時代が始まる。(2)

リューディガーの銅板扉絵は、形式ばかりか内容についても、対照を強調するように構成されている。画像の美的構成は、明るさと暗さ、主役と引き立て役といった区別にもとづいているため、画面全体が対立で組み立てられている。しかし新旧の哲学に関するリューディガーの図像では、形式的な対立にとどまらず、その前提として、内容的な二者択一までもが提起されている。この図像は観賞者に対して、新しい哲学を選ぶ内容的に当然の決定を美的にも示しているのである。もちろん、そのような内容的な

図6　リューディガー『総合哲学』(Philosophia synthetica, 1711)

二者択一は、どの図像においてもはっきりと現れているわけではなく、いわば不可視のかたちで表現されることもある。そのような図像は、描かれていない別の図像の対抗像となっているのであり、その隠された図像が観賞者にとって周知のものであることが、多かれ少なかれ前提となっている。この場合一つの図像が、それだけで対比的図像になっている。

たとえば、トマージウス主義の支持者で、リッターアカデミーの学長であったディートリヒ・ヘルマン・ケンメリヒ（Dieterich Hermann Kemmerich 一六七七―一七四五年）は、主に貴族向けの自著『諸学の新設アカデミー』第一巻（一七一一年）の扉絵において、実生活に役立つ近代的な諸学問の殿堂を描いている（図7）。周知の中世的な諸学問の塔はもはや再建できないために、その代わりに古典的な大きな丸屋根建築が示されているが、それは優雅な万神殿《パンテオン》であり、世界知〔哲学〕をあらわす世俗版のサン＝ピエトロ寺院のようである。建物の壁龕には、主要な学問を表す高貴な擬人像が置かれている。一階には基礎的な学問が陣取る。右には（中央から端に向かって）「歴史学」と「雄弁術」、左には（中央から端に向かって）「哲学」と、新しい技芸を象徴した「諸言語の大家」（Linguarum Magistra）が居並んでいる。さらに、身分に似つかわしい「上階」（Bel-étage 麗しい階）には、上級の専門分野の擬人像が飾られる。右に「医学」、左に「法学」、中央のやや高いところには「神学」が据えられている。教養ある貴族向けのこれらの諸学問は、一階の屋上テラスの立像によって、その意義が象徴的にあらわされている。左には戦争の女神パラス・アテナが、右には商業の神であるヘルメス〔メルクリウス〕が、そしてドームの頂上には諸技芸の神であるアポロの光り輝く立像が置かれている。以前は戦争に明け暮れていた貴族も、経済的な思考をするようになったということだろう。そしてまた、近代の知恵の殿堂は同時に芸術の殿

図 7　ケンメリヒ『諸学の新設アカデミー』第 1 巻（Neueröffnete Akademie der Wissenschaften, Bd. I, 1711）

堂になろうとしている。「知恵の殿堂」(Templum Sapientiae) との銘文が掲げられた入口のホールには祭壇が築かれ、擬人化された知恵が崇められているのがわかる。覆い隠すものもなく露わになった真理は、高くかざした手に自己認識の鏡をもち、二本の蠟燭に挟まれ、足元にはミサ典書が開かれている。これは、やがて流行する理性崇拝を先取りした表現と思われる。

こうした近代的で誇らしげな神殿と比べると、同じくトマージウス思想に影響を受けたゴットフリート・ポリュカルプ・ミュラー (Gottfried Polycarp Müller 一六八五—一七四七年) の『上級能力に応用された哲学』(一七一八年) の銅板扉絵は、一見すると見劣りするようである。ここでは、あろうことか、昔から高望みをする人間の虚栄を象徴するバベルの塔が、哲学の教科書の扉絵にあしらわれている (図8)。では、哲学は傲慢な企てとして貶められているのだろうか。天から地に向かって斜めに下がった横断幕も、人間理性の独断と自己崇拝を厳しく非難している。「これは大いなるバベルなり。理性は、自らの王国の宮殿となし、自らの華美の栄光のために、これを建造せり」(Haec est magna Babel, quam ratio aedificavit in domum regni sui, et in gloriam decoris sui)。この言葉は初期キリスト教の理性批判のようでもあるし、現代の啓蒙主義批判のようでもある。しかし、始めから哲学を弾劾し放棄しているなら、ミュラーはなぜわざわざ哲学の著作を書き、他の学問よりも哲学を推し進めようとするのだろうか。銅板扉絵は、哲学の「再考」ないし「再吟味」なのだろうか。このバベルの塔は、明らかにミュラーの意図する真なる(新しい) 世界知 (哲学) の対抗イメージであることは見紛いようがない。つまりこれは、誤った (古い) 世界知の建物であり、ケンメリヒに対する精一杯の当てこすりなのである。建物の各階に掲げられた小さなプレートが、ここで批判されているものを示している。基礎部分の一階は古代哲学、「ギリシアの

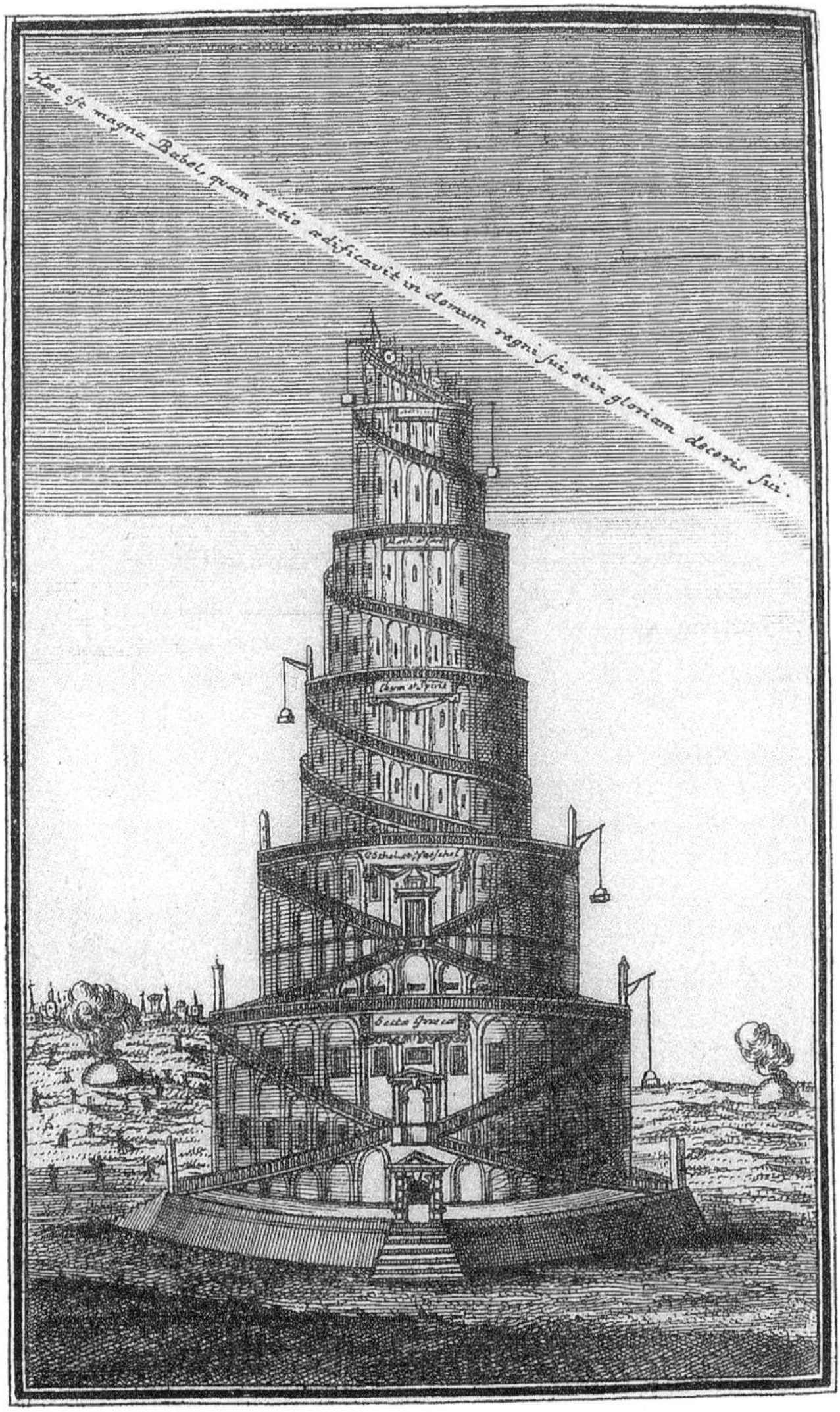

図 8　ミュラー『上級能力に応用された哲学』（Philosophia facultatibus superioribus accomodata, 1718）

諸学派」（Sectae Graecae）の廃墟となっており、二階には仲間うちで論争をしている「スコラ哲学」（philosophia scholastica: Schol. et Neoschol. スコラ学・新スコラ学）がある。またその上の三階に、「錬金術的・神秘的哲学」（Chym. et Spirit. 錬金術的・霊的）の階、さらに四階には近代の「数学的哲学」（Math. et Cartes. 数学的・デカルト的）の階がある。最後に造られ、暗い天を摩す最上階には、まだ何も記されていないようだ。最新の愚考にはまだ名前がないのだろうか。

『上級能力に応用された哲学』の「序文」は、この解釈をある程度裏づけてくれる。ミュラーが述べるには、哲学は理性の娘であり、そのため堕落をも理性と共有している。徳と敬虔、すなわち謙遜を失うなら、正しい理性はありえない。自らを最も賢明なものとみなし、自分と異なる思想の論破をおのが使命と思い込むのは、最も虚栄に満ちた名誉欲である。「ここに、哲学のすべての分派と、互いの論争がある。バベルの人々がもたらした言語の混乱と同じように、さまざまな主張の混乱がある」（第一節）。ただの高慢や論争好きの理性から生まれる哲学上の諸学派は、互いに相手を踏みつけて、われ先に天へ登ろうとする。とりわけ、謙虚で誠実な人びとに対して自らの支配欲を圧しつけているのが、独断論と懐疑論という二つの学派である。それらは以前から、互いに論争し、相手がおかしいと主張している。「ほどよい中間以外には」、両者のあいだにより確実な道は存在しない。ここでミュラーは一転して（塔の）比喩を止めて、のちのカントと同じように、哲学のために懐疑論と独断論の「中間の道」を模索する。その際にミュラーはもちろん、自らが「独断的・懐疑的な党派的精神」から免れていると信じているのだ。真の中間の道は、人生そのものに即して、「人生のさまざまな領域」に関わる諸学問を推進する知恵の道である。「知恵は、人生の必要物と有用物とを、行きすぎた観照から区別する。……しかし、理性は、傲慢な性格に傾きがちである」（第三節、第二節参照）。このような宗教批判から出発して、ミュラーは自らの著作の標題と扉絵を、党派精神に対する批判、および謙遜の薦めとして説明する。「それゆえ、この表題と扉絵が構想された。けっして誰かを侮辱しようとしたのではなく、党派的理性の本来の姿を示し、分別と判断によって、哲学者たる読者に対して中庸を想起させようと考えたのである」（第四節）。

建物の形象を用いて学問を表現するよりも、諸学問を擬人化した人物像によって視覚化する事例のほうが、伝統的にはよく見られる。そのような人物像は、グループで組み合わせると、もろもろの関係や（徳と悪徳のような）対立を象徴したり、寓意的に表現したりすることができる。そのため、中世以来、たいていは人物群を段階的に配置することで、哲学や哲学的諸部門の役割が、他の学問や「自由学芸《アルテス・リベラレス》」との関係において表現された。このモチーフは、一七三七年に公刊されたアドルフ・フリードリヒ・ホフマン（Adolph Friedrich Hoffmann 一七〇七―四一年）の『理性論』を飾った扉絵（図9）の原案ともなっているが、この絵では重点の置きどころ、ないしその変化がきわめて興味深い。(3) さまざまな学問が、舞台のような場に登場し、その背景は異国風の雰囲気をただよわせている。つまり、単に理論的な議論だけでなく、生と死をめぐって争いが生じる現実が描かれているのである。（背景で）天を仰いで懇願する小さな人物群が示すように、恩寵は与えられていないようだ。一方で木々や建物や天幕、他方で人物たちの描写から、遠方では戦いの場面が描かれていると推測できるが、これはおそらく、今日批判の対象となっている植民地戦争ではなく、原住民同士の戦いのように思われる。哲学（世界知）の学問的な舞台で諸学が友好的に競い合うのと対照的である。（「魂の耕作」だけでなく）文化は進歩しているように見え

図9　ホフマン『理性論』(Vernunftlehre, 1734)

る。いずれにせよ、諸学の舞台では、都合六人の女性像が順番に並び、互いに関係し合う友好的なグループをなしている。後方の四人は四つの学問をあらわし、おおむね同じ位置に立つ。右側には「哲学」が立ち、ボエティウス（Boethius 四八〇頃—五二四年）の伝統にならって書物と笏杖をもっているが、足元には、新しい自然科学の器具の象徴として、地球儀と天球儀が置かれている。隣に「医学」が、寓意属徴《アトリビュート》としての「アスクレピオスの杖」、およびフラスコとともに描かれている。いくらか後に下がったところで、かなり小さく人形風に、小さな翼を生やした恋の神アモールを思わせる姿が宙に浮かんでいるが、これは剣と秤をもった「法学」である。ただし目隠しがされているのは、おそらくは過度に法学を強調したトマージウス主義に対する批判であろう。四番目の人物として、意外なことに、三者よりもかなり前に出るかたちで「神学」が、右手に杖を、左手に鞭の束を握って威嚇するように身構えている。杖と鞭は、支配や命令の力、さらに懲罰を与える権力の象徴である。彼女の隣のテーブルには、司教の帽子と王冠が脱いで置かれているが、これらは教会権力と世俗権力をあらわしている。さらに左の隅には、全員の前に「論理学」が立っている。通常通り、優美さと知恵の象徴として、花の笏杖と蛇を手にしている。彼女の右腕には、伝統的な銘句「真理と虚偽」（Verum et Falsum）が書かれた肩帯が巻かれている。彼女がこの画面の真の主役である。彼女は永遠の真理である天を仰いでいるが、他の人物は、程度の差はあれ、彼女のほうを向いている。しかし何よりも目に付くのは、最も前景に座っている人物が彼女を凝視していることである。この人物は、翼を生やした死の天使の一種であり、大鎌と砂時計が描かれているのは、時間とはかなさを意味するのだろう。この人物は、論理学が示す永遠の真理を書きとめようとしており、時間に左右されない真理をこの世のはかないものの内に翻訳しているようにも思える。あるいは、真理を書きとめるために、はかなさを示す寓意属徴が脇に置かれているところを見ると、このはかなさは論理学によって克服されるものなのだろうか。しかし残念ながら、この人物が何を書きとめているのかは定かではない。

ホフマンの重要な後継者であるクリスティアン・アウグスト・クルジウス（Christian August Crusius 一七一五―七五年）は、時間と永遠という対立を、いささか単純な仕方でいまいちど取り上げ、論理学ではなく形而上学的な著作（『必然的な理性的真理の提示――偶然的な理性的真理と対比して』一七四五年）の扉絵として、明らかに宗教色の強い図像を掲げた（図10）。神をあらわす「三組文字《テトラグラム》」が書き込まれた太陽の輝きに照らされながら、小高い石造りの祭壇の上に、大鎌と砂時計をもって、背に大きな翼を生やしたクロノス〔時間の神〕が乗り、図版中のもうひとりの女性像が拡げている羊皮紙を、問うように指差している。女性の足元には、数学・自然科学の器具が置かれ、頭上には一種の光背が浮かんでいる。寓意的属徴（鏡と蛇）から判断すると、この女性は「賢慮」ないし「論理学」である。彼女が開いている紙葉には、太陽系の模式図が描かれ、存在の秩序の象徴である宇宙《コスモス》を示唆している。宇宙の模式図にもとづく主張が、「これらのものから創造者を」（Ex his creatorem）と記されている。神はその作品である被造物から認識されるというのである。同時に祭壇に刻まれている銘は、論理学ないし形而上学の永遠の真理が、はかない世界の変化を支配すると告げている。「変化は恒常なるものによって治められる」（Constantibus regitur vicissitudo）。したがってこの対比（ここでは、変化と恒常性の対比）では、定石通り一方に軍配が上げられている。

クルジウスの銅板扉絵の構成は、一世代前のトマージウスが考察した、二つの図を対比する二重の構

図10　クルジウス『必然的な理性的真理の提示』（Entwurf der notwendigen Vernunftwahrheiten, 1745），リプリント（1963）

成とは比べものにならないほど単純である。トマージウスの図版（図11）は、対照的に構成されている対比画である。対比画とは、内容的に対照的な二つの図像から成り立ち、中世の徳と悪徳の図解のように、相互に向き合うか、ここに掲げたように上下に並べて配置される。各図像は単独で、徳ないし悪徳の特定の組み合わせをあらわす。この図像は、トマージウス哲学の精神に即して構成されているところから、著者本人がじきじきに考案したと思われる。一方の図像では敬虔が、他方の図像では正義が主題となっている。

「宗教哲学的な」対比画は、『下級の哲学的・法的論争』（正式名称『理性的・キリスト教的な、しかし偽善的ならざるトマージウス思想、およびさまざまな哲学的・法的交渉に関する見解』）（第一部一七二三年）と題された、種々雑多な思想と記録を集めた著作の第一巻を飾っている。こうしてトマージウスは、偽りの宗教的態度を露骨に攻撃して、啓蒙を推し進める闘いをあらためて強調する。著作の扉絵は、正統信仰と敬虔主義に反抗して、真なる（「哲学的」）信仰を擁護する闘いの図像化なのである。銅板扉絵は、相互に補い合う二つの図像から成り立っている。「真なる合理的な敬虔」（Pietas vera et rationalis）と「愚かなる非合理的な敬虔」（Pietas stulta et irrationalis）が対比され、闘いの二通りの結末が描かれている。「合理的」、「非合理的」の概念は、価値や規範をあらわす概念として用いられている。「真」という概念と、その反対概念として使われている「愚か」という概念も同様である。「愚か」という術語のこのような用例は、すでにトマージウスの『自然法および万民法の基礎』の中で、「賢者」と「愚者」が対置されていたのと同じであるが、その背景には、愚かさを罪とみなすキリスト教的理解が見え隠れしており、またそこには、「愚かな女」〔「箴言」九・一三、一四・一など参照〕という聖書の比喩と、賢さを徳と考えるアリストテレスの定義が

図11　トマージウス『下級の哲学的・法的論争』第 1 巻（Gemischte philosophische und juristische Händel, Bd. I, 1723）

響いている。このようなキリスト教的伝統の地盤に立って、トマージウスの対比画は、理性的敬虔という近代的な（「合理主義的な」）理念を、理性的キリスト教というかたちで展開する。二枚の図版は、ある種の哲学風絵物語を繰り拡げている。上段の図像は、「真なる合理的な敬虔」が勝利する望ましい場合を示している。「敬虔」が中央に坐し、「勝利のキリスト」（Christus triumphans）に見立てた女性は、右手に十字架、左手に開かれた書物、つまり聖書をもっている。彼女は、聖書を踏まえた言葉によって、自由ないし自己の解放、近代的な言い回しで言えば、成熟と自己解放を呼びかけている。「馬やロバのようにふるまうな」（Seyd nicht wie Roß und Mäuler）。つまり、旧約聖書（「詩編」三二、九）で言われる「馬やロバ」のように分別を欠いた者であってはならないし、誰かに手綱をつけられてはならないのである。精神的自立への意志のモチーフが、ここではキリスト者の自由というかたちで、いまだに宗教的に語られている。図版では、このような啓蒙主義的敬虔に踏み敷かれて、堕落した見せかけの敬虔である「偽善」（Hypocrisis）が身もだえしている。「敬虔」の左右には、いわばその副官として、「理性」（Ratio）と「賢慮」（Prudentia）が脇を固める。「理性」は、征服された「非理性」（Irrationalitas）を踏みつけ、自己省察のしるしに、左手の人差し指を額に当て、その一方で右手は自らの支えである「論理学」（Logica）、「道徳論」（Doctrina morum）、「自然法学」（Jus naturale）を指さす。これに対して「賢慮」は、克服された一面性（否定的な意味での「単純さ」Simplicitas）を組み伏せ、右手には伝統的な寓意的属徴である（反省をあらわす）鏡と（狡猾さをあらわす）蛇があしらわれ、左手で書物を指し示す。その書物には、「教会と国家の歴史」（Historia ecclesiastica et civilis）と「教父たちの誤謬」（errores patrum）と記されている。つまり賢慮は、歴史と、歴史の誤りから得られた経験を参照し、それを役立てようとしているのである。

下段の図像は、これとは逆の状況で、「愚かなる非合理的な敬虔」が（一時的に）勝利を収めた場合が描かれている。もちろんここには、上段とは重要な違いがある。中央には勝ち誇った「偽善」が陣取り、いやらしく手を揉んでいる。同様に聖書を下敷きにした銘句が、「私が他の人と同じでないことを、神よ、あなたに感謝します」（Ich danke dir Gott, daß ich nicht bin wie andere Leute）と書かれている〔「ルカによる福音書」（一八・一一―一二）において、外面的な義務のみを遵守するファリサイ派の人が、「神様、私は他の人たちのように、奪い取る者、不正な者、姦通を犯す者でなく、また、この徴税人のような者でもないことを感謝します」と語るが、イエスはこれを否定する〕。彼女の右には、いささか激昂しているような「非合理」（Irrationalitas）が座り、聞こえよがしに「明晰な言葉」（clara verba）を声高に要求し、自らもそれを果たしていると言い張っている。その足元には、彼女の主要な支えである「教父」（Patres ecclesia）の書物、「公会議」（Concilia）の決定、「信仰箇条」（formula fidei）が置かれている。「偽善」の左には、「単純さ」が居眠りをしている。足元の書物は、『聖女テレサ伝』（Vita S. Theresiae）、『神秘神学』（Thologia mystica）、そして何かの（おそらくはイエズス会か敬虔主義の）『戒律』（Regula vitae）であり、要するに、偏頗な敬虔さを上辺だけ装うための指南書である。理性と賢慮はここでは倒れて床に転がっている。しかし、横たわった「理性」を「非理性」は踏みつけてはいない。上段の図を転倒させるという理窟からすれば、当然そうなっているべきなのだが。その代わりに、本来なら「敬虔」を踏みつけていなければならないはずの「偽善」が、「理性」を踏みつけている。哀れにも倒れた「理性」は、「非理性」と「偽善」のあいだに横たわっているため、両者から足蹴にされる不幸な立場に置かれ、「非理性」はいままさに「理性」を踏みつけようと身構えているようだ。これに対して「敬虔」、つまり真のキリスト教的・合理的敬虔の姿は描かれていない。「敬虔」は打ち負かされることはありえないので、この画面の外で、より良い好機をうかがっているに違いない。あるいは、まずは下段、ついで上段の順でこの図像を読み解くなら、「敬虔」はいままでは存在せず、いまようやく凱旋してくるのであり、それこそがまさしく、啓蒙主義の始まりの証であるといったことにでもなろうか。

合理的敬虔と非合理的敬虔を対置したトマージウスの図版は、真なる正義と単なる誹謗中傷の区別を描いた別の（「法哲学的な」）対比図像（図12）と、厳密な対をなしている。この図は、彼の法学上の見解をまとめた著作（『精選法学論争』〔正式名称『精選法学問題諸般に関する、真摯で、しかし明朗で理性的な思想と見解』〕第一部、一七二〇年、第二版一七二三年）の第一部に付されている。上段の図像には、いまでもよく知られている象徴〔公正をあらわす天秤〕を手にした「正義」（Justitia）が中央に坐している。その周りを四つの徳、すなわち右に「聡明」（Vigilantia）と「抑制」（Abstinentia）、左に「賢慮」（Prudentia）と「中庸」（Moderatio）が取り巻いている。「正義」の右足は一冊の書物の上に置かれているが、これは克服された「独善的学芸」（Ars rabulistica）、つまり屁理屈の技を含んでいる。賢慮は、右手で自己省察の鏡を掲げ、また慎重さを促すように、もう一方の手の指を「正義」の剣に掛けている。その足はロバの頭を踏んでおり、愚かさが克服されていることを示す。それと対応して、反対側では「聡明」が「正義」のもつ天秤に指をかざし、右手で博識の象徴である書物を携えている。その足元には、骰子やトランプが散らかっているが、見ての通り、「聡明」はそれらに目もくれない。「中庸」は一方の手に心臓をもち、もう一方の手に棒を握っている。心臓は生き生きとした大胆さ、棒は指導と秩序を象徴する。またその足元には、獅子を思わせる野獣の頭があり、欲望が克服されたことを示す。これに対して、「抑制」の膝には、おそらくは無垢をあらわす穏やかな子羊が眠る。足は静かに柔らかなクッションに置かれ、同時に太っ

図12　トマージウス『精選法学論争』第1巻（Auserlesene juristische Händel, Bd. I, 1720），第2版（1723）

た男（好色な修道士であろう）を拒絶している。この男は高脚杯と、盆に乗った兎のような動物を彼女に差し出し、奢侈のみならず、（兎に象徴される）性的放蕩へと彼女を誘惑しようとしているのだろう。この慎ましい図像の結語は、「ここに喜びがある」（Hinc illa gaudia!）である。

下段の図像では、性悪で胸のはだけた女性たちが、対極の痛ましい光景を繰り拡げる。中央には、「正義」に代わって、「誹謗中傷」（Calumnia）が、その権力と誤りの象徴的属徴（剣と蛇）とともに描かれ、その周囲を四つの悪徳が取り巻いている。「誹謗中傷」は、神の法と人間の法を踏みつけている。彼女の右には、「無頓着」（Negligentia）と「貪欲」（Aviditas）が、左には「愚鈍」（Stupiditas）と、中庸の対極である「最高の法」（Summum Jus）という名の人物が見えるが、この人物は、絶対主義的国家による法と権力に対する無節制な要求をあらわしているようである。「最高の法」は両手に剣を握っているが、これは絶対主義的な国家権力の行き過ぎへの当てこすりのように思える。右足が心臓を踏んでいるのは、無神経さの象徴である。これに対して、隣の「愚鈍」は、両手に一葉ずつ紙片をもち、そこにはただ「然り、然り」（Ja Ja）とだけ書かれている。「愚鈍」は「誹謗中傷」を見つめながら、左足では賢慮と自己反省の象徴である鏡を踏んでいる。反対側のベッドに裸でまどろんでいる「無頓着」は、一方の手で目を覆い、もう一方の手には小型網または蠟燭消し《スナッファー》をもち、それによって自らの精神の光を消してしまったのである。彼女の足元には、法的期限の名称――「満期」（Terminus）、「十日期限」（Decendium）、そしていわゆる「不変期限」（Fatalia）――を羅列した横長の幕が広がっている。どうやら、不注意か怠惰ゆえに自業自得の破産が近づいているらしい。彼女の隣の「貪欲」は、「抑制」が拒んでいた高脚杯を左手にもち、右手に財布を握っているようである。膝には性的放蕩の象徴である兎がうずくまり、その脚は罪のない羊を踏みつけている。この痛ましい図像の銘は、「ここに涙がある」（Hinc illae lacrymae!）である。テレンティウス（Publius Terentius 前一九五／一八五―一五九年）から取られたこの銘〔『アンドロス島の女』第一幕、第一場九九〕は、事態を記述しているだけなく、原因を説明しようともしている。悪の源泉は（トマージウスによれば）誹謗中傷や法の歪曲、つまりは意図的な不正の内に求められる。これに対して、反対の銘句「ここに喜びがある」は、トマージウス本人の言葉であり、いわば彼のメッセージが籠められている。正義こそが幸福に導くというメッセージである。

啓蒙主義は宿敵と闘う。対比的図像とは、直接的にせよ間接的にせよ、そうした宿敵のイメージなのである。こうした「闘う哲学」の宿敵をあらわす扉絵は、一般的に善と悪、永遠とはかなさ、文化と野蛮などの区別を明確にするために、いつでも対比的に構成される。その扉絵は、標的となっている特定の宿敵、つまり、古いスコラ哲学や、敬虔主義の新たな偽善、精神の高慢や権力の不道徳などと戦う手段となる。同時に、啓蒙主義のこうした寓意は、視覚による啓蒙というかたちで、新たな時代の理念を宣言する。それは、現代的で、世界に対して開かれていながら敬虔でもある哲学であり、理性的な敬虔と自己批判的な司法、そして国家の自己抑制である。

（三）　太陽の光

啓蒙主義の最もよく知られたシンボルは太陽である。太陽は、すべての光と生命の源であるがゆえに、神的なものとして崇拝され、太古より神の象徴であった。哲学における光の比喩も、認識が照明や明瞭化になぞらえられるところから、同様に長い歴史をもつ。プラトン（Platon 前四二七―三四七年）以来、太陽はあらゆる存在と認識の最高原理の象徴とされ、のちに理性は「自然の光」（lumen naturale）と呼ばれ、「啓示の光」に対抗するようになった。そのため、すでに啓蒙主義よりも前から、光の比喩のさまざまな変種があり、十七世紀には、形而上学や神智学、カバラの支持者にとりわけその傾向がうかがえる。そのため、啓蒙主義における光の比喩は、まさに「キリスト教的」ないし「ユダヤ教的」伝統のある種の変容（「世俗化」）と考えられる。しかし啓蒙とは、超自然の照明でもなければ、超自然的照明を自然化することでもない。啓蒙とは、あくまでも悟性という自然の光へと意識的に制限された認識、またはその認識の伝達である。それは、認識の源泉を自任する理性の自立にもとづいている。そのような文脈で考えると、啓蒙主義の比喩として、太陽と並んで、人間が作り出した人工的な光源が繰り返し引き合いに出されるというのは、なかなか興味深い。すでに触れた灯台のほかにも蠟燭が用いられ、とりわけ夜の闇を破って世を照らす松明が用いられる。しかし、主役は何と言っても、夜と雲を追い払う太陽である。その際、太陽が夜や闇に取って代わることもあれば（「雲のあとに太陽が」Post nubila Phoebus）、併置されることもある（「闇の中から照らすものが」Ex tenebris clarior）。

初期啓蒙主義では、トマージウスの後継者であったニコラウス・ヒエロニュムス・グントリング（Nikolaus Hieronymus Gundling 一六七一―一七二九年）が、定番である太陽の比喩を哲学の新たな精神の象徴として用いた最初の事例であろう。いささか素っ気ない太陽の図像が、一七一五年以来公刊され続けた『グントリング集成』を飾り、ある種の劇的な役割を果たしている（図13）。グントリングがおそらく参照したであろう旧来の寓意画集では、太陽は何よりも、「どしゃ降りのあとは快晴」という昔ながらの

Gundlingiana,
Darinnen allerhand
Zur
Jurisprudentz, Philosophie,
Historie / Critic / Litteratur /
Und übrigen
Gelehrsamkeit
gehörige Sachen abgehandelt werden.
DISPELLAM
Ein und zwantzigstes Stück.
Halle / im Magdeburgischen / Ao.1718.
Zu finden in de[illegible]rischen Buchhand[illegible]g.

図13　グントリング『グントリング集成』第1巻（Gundlingiana, Bd. I, 1715）

知恵を図像化していたのに対して、グントリングの図像での太陽は、雲（すなわち誤謬と偏見）を追い払うものであり、啓蒙主義の未来を、「追い払わん」（Dispellam）という言葉で綱領的に示している。啓蒙はまさに、「闘う哲学」なのだ。

グントリングが太陽を新たな時代の象徴として用い、幕を開けつつあった啓蒙主義における精神的進歩の隠喩としたことは、同時代の人びと、とりわけヴォルフやその後継者たちに強い印象を与えたようだ。太陽と「追い払わん」のモットーを組み合わせる意匠も後継者に模倣された。何しろトマージウスその人が、暗闇を力強く追い払う太陽のモチーフを、弟子たるグントリングから受け取ったほどである。もっともそれは彼自身の著作ではなく、彼が序文をつけたフランシス・ハチンソン（Francis Hutchinson 一六六〇―一七三九年）『魔法についての歴史的考察』の翻訳のことではあるが(4)（図14）。扉絵の中央には、うら若い女性が棕櫚の枝を携えて平和の天使をあらわし、その周囲を、超地上的な光背のような光輪が取り囲んでいる。これは明らかに学問や理性、知性による進歩、要するに啓蒙主義の擬人化である。慈悲深いと同時に峻厳なこの「啓蒙主義」は、グントリングの図像での太陽と同様に、力強く「追い払わん」と宣言し、両脚で二匹の滑稽なほど無力な悪鬼を踏み潰し、悪鬼は力なく挙げた両手で慈悲を懇願しているように見える。一方は、仮面を着けた悪魔（ないしは悪魔の仮面を着けた迷信）で、他方は、堕落した悪しき正義である。後者は偏った正義であり、目隠しをしていない。目隠しは（図12にあったように）、人物の外見に惑わされずに裁く助けとされていたのだが、それがここには欠けているのである。衣装は、裁判によって刑死した多くの人々の血で汚れている。この偏った正義は右手にまだ剣をもっているが、左手には、魔女裁判で私腹を肥やした財布を握っている。正義の天秤は手から離れ、いまや地

Je höher der Verſtand in Wiſſenschaften ſteiget
Je tieffer ſich zum Fall der Aberglaube neiget.

図14　トマージウス「ハチンソン〈魔法についての歴史的考察〉序論」(Vorrede zu Francis Hutchinson, Historischer Versuch von der Hexerei, 1726)

面に転がっている。啓蒙主義が成敗しなければならない亡霊たちが、啓蒙の光がまだ届かない画面の暗い両脇に見える。左側には古代の作り話が、右には近代の魔法の物語がある。左下には、山羊の脚をした悪魔が、蝙蝠と二匹の梟（魔女の鳥）とともに描かれている。その上には二つの魔法の物語が叙述される。アポロンから逃れ、いままさに月桂樹の木に変身しようとしているダフネ、そして手に魔法の飲み物をもち、オデュッセウスの惨めな乗り物のひとつである豚を連れたキルケである。さらにその上には、翼をもった人物が墜落する場面が描かれるが、これはおそらくルシフェルではなく、イカロスであろう。右下の縁には、山羊の脚をした悪魔に女性が付き従っており、その上では、ファウストゥス博士が画面から抜け出そうとしている。その上の二人の人物は、頭上にふたたび蝙蝠と龍が舞い、魔女が堆肥用鋤と雄山羊でそれを追う。この二人は、シルウェステル二世〔オーリャックのゲルベルトゥス（Gerbertus Aurillacensis 九四〇頃—一〇〇三年）でのちの教皇。アラビヤの科学などに精通していたため、しばしば魔術師の嫌疑を掛けられた〕とルクセンブルク元帥〔一六九二年のナミュール包囲戦での圧倒的な勝利ゆえに、悪魔と契約を結んだとの噂が横行した〕である。教皇シルウェステル二世と、フランソワ・アンリ・モンモランシー（François Henri Montmorency 一六二八—九五年）、つまりフランスのルクセンブルク元帥は、共に魔法使いとみなされていたのである。

画面全体の上方には、三角形が描き込まれ、神の象徴である目をもった太陽が昇っている。そして太陽から降り注ぐ光線が、人間理性の光の上端と融け合い、人間理性が神の理性の流出であることが示されている。画面の下の標語は、啓蒙と迷信との不調和、それどころか分裂を語っている。「諸学において理性が高く昇れば昇るほど、それだけますます迷信は没落していく」。〔画面下段の〕この言葉はおそらく、トマージウス自身の銘句だろう。

トマージウスとその支持者たち以上に、自らの哲学的立場を表現するため図像を用いたのが、クリスティアン・ヴォルフである。彼の初期のドイツ語著作には、一貫して図像が付されていて、なかでも「太陽」は最も好まれたモチーフのようだ。こうして太陽は、グントリング以降、とりわけヴォルフのおかげで、啓蒙主義の象徴として知られるようになった。しかしながら、ヴォルフとその扉絵がきわめて興味深い展開を遂げたことは、見たところ、今日まであまり注目されていないようである。一七二〇年に公刊された『ドイツ形而上学』には、麗しい風景の上に輝く太陽があしらわれて、「雲を払って光を取り戻す」と記されている（図15）。雲が破れ、再び光が顔を覗かせている。（本人が自負するように）ヴォルフによって、世に再び光が戻り、いまや秩序ある文化の土地（耕された土地）の上に輝いている。ヴォルフも、『自著についての詳細な解説』（一七二六年、第二版一七三三年）では、形而上学の方法論化を念頭に置きながら、正当にも以下のように主張することができた。「私は、この学問において、光をもたらすことに着手した」。「それゆえ、私が巻頭に太陽を置き、雲間から姿を見せて、群雲を次第にすっかり追い払う希望を表明したからといって、理解力のある人なら、私を非難することはないだろう」（三一二頁）。

同年に公刊された『ドイツ倫理学』の扉絵（図16）では、太陽ははるか雲の彼方の、雷雲の立ち籠めた暗い大地の上空に描かれている。自然も人間界も荒涼とした闇に閉ざされ、ただひとつ聳える山――ヴォルフ哲学をあらわすのだろう――だけが、その山頂を光へ向かって決然と突き出している。「高みでは惑わされることはない」との銘句が掲げられている。真理は、暗い下界の勢力の活動に乱されはしないのである。しかしここで光は、闇を野放しにする気はないようだ。(5) これに対して、一七二四年の『ドイツ形而上学への註』では、雲は描かれずに、太陽は世界中にあまねく恵みをもたらす贈与者とし

図15　ヴォルフ『神・世界・人間の魂，ならびに万象についての理性的考察（ドイツ形而上学）』（Vernünftige Gedanken von Gott, der Welt und der Seele des Menschen, auch allen Dingen überhaupt［Deutsche Metaphysik］, 1720）

図16　ヴォルフ『人間の行動と振舞いについての理性的考察（ドイツ倫理学）』（Vernünftige Gedanken von der Menschen Tun und Lassen［Deutsche Ethik］, 1720）

図17　ヴォルフ『ドイツ形而上学への註』（Anmerkungen über die vernünftigen Gedanken von Gott, der Welt und der Seele des Menschen, auch allen Dingen überhaupt［Anmerkungen zur Deutschen Metaphysik］, 1724）

Das Licht nimt selbst nicht ab. ein dunckler Körper machts.
daß ein und anderer, den vollen Schein nicht siehet
doch nur auf kurtze Zeit .

図18　ヴォルフ『哲学小論集』第4巻（Kleine philosophische Schriften, Bd. IV, 1739），リプリント（1981）

て君臨している（図17）。「豊穣なる光によって〔無知を〕斥ける」。ヴォルフは、マールブルクへ追放されたにもかかわらず、勝利者を自負していた。だからこそ、一七三九年の『哲学小論集』第四巻の扉絵では、光がふたたび翳る可能性を指摘しながらも、それを単に付随的な問題とみなしたのだ（図18）。「光雲は過ぎ行き、ふたたび翳る、ふたたび太陽が君臨する、あるいは再臨するとされる。〔画面下の銘句にあるように〕「光が弱まることなどはありえない。暗い物体のせいで、その完全な輝きが誰にも見えないこともあるが、それはほんのわずかな刻《とき》にすぎない」。したがって、ヴォルフの敵対者であった非開明主義者たちは、ほんの一時的な翳りをもたらすだけに終わるのである。(6)

ヴォルフ学派は、指導者ヴォルフの自己理解にほとんど何も付け足すことはなかった。彼らはただひたすら太陽をそのまま輝かせつづけ、ヴォルフ哲学の勝利を祝い、「おそろしく旧弊な人々」にその烙印を押しつづけるだけで良かったのである。ヴォルフ学派のコンラート・テオフィル・マルクヴァルト（Conrad Theophil Marquardt 一六九四―一七四九年）による一七三三年刊行の『合理的哲学』の扉では、太陽のモチーフが、トマージウス学派のグントリングにならって、形を変えて今一度用いられている。小さな扉絵において、曙の太陽が、牧歌的とも言える大地の上に輝き、優雅に縁取りされた画面の上方には、太陽が闇を取り除いたと告げる「闇を追い払う」の横断幕が掲げられる。その限り、光と闇との対立は保持されているが、闇を照らすのはもはや将来の綱領の表明ではなく、すでに達成された目の前の現実なのである。太陽は画像の主題というよりは、重要な小道具くらいのものとなっている。

ヴォルフ学派以外でも、それどころか、ヴォルフの敵対者でさえも、太陽は重要な役割をもっていた。ただしそれは、あくまでも伝統的な意味合いであって、太陽は精神的な進歩の象徴ではなく、豊穣さの象徴、とりわけ神の象徴として用いられている。出版社（印刷業者）すら、太陽を好んで商標に用いた。たとえば、敬虔主義の代表的印刷所であるハレ孤児院も、多年にわたり、さまざまなヴァリエーションで、輝く太陽の下で種を蒔く人物の小さな図像を使っている。さらに横断幕には、「光満つれば、解き放たれん」と書かれている。太陽が昇れば農夫は仕事を始めるという意味に読めるが、それよりも、実りをもたらす太陽のおかげで国家が栄えると言わんとしているようでもあり、そのところははっきりしない。ここでは、グントリングの好戦的な「追い払わん」に代わって穏やかな輝きが描かれているとはいえ、少なくとも発言の主旨が将来に向けられている点は変わりがない。ヨハン・ゲオルク・ヴァルヒ（Johann Georg Walch 一六九三―一七七五年）の『福音主義的・ルター派教会の宗教論争への手引き』第一巻（一七二四年、第三版一七三三年）に付された別の扉には、太陽はもはや野を照らすのではなく、二人の人物が護衛する教会の上に輝いている。ひとりは供物を焚く祭壇の隣におり、ひとりは聖杯と十字架をもっているところから、それぞれ旧約聖書と新約聖書をあらわしていることがわかる。クルジウスの理性論（『人間の認識の確実性と信頼性への道』一七四七年）の扉絵でも、太陽は世界を照らし、すべてを明晰・判明にしている。まさに「その光によって判別される」のである。

（四）疑わしい勝利

一七二三年にヴォルフはハレを追われ、敬虔主義の勝利が確実になったかに見えた。しかしヴォルフには、実は自分のほうが、敵対者たちよりも優れていると確信するだけの根拠があった。翌年ヴォルフの『ドイツ目的論（自然的事物の目的について）』（一七二四年、第二版一七二六年）が獅子の図像を掲げて公刊されるが、これは哲学界の臆病な子羊たちを軽蔑するヴォルフ自身をあらわしている。「勇敢な者たちには多くの障害がある」（図像の銘）。マールブルクに移ってから書いた『自著についての詳細な解説』では、周囲に飛び交う雷光にも微動だにしないピラミッドが描かれている。「揺るぎなきものが永続する」（図像の銘）。

ヴォルフの最初の弟子ルートヴィヒ・フィリップ・テュミヒ（Ludwig Philipp Thümmig 一六九七―一七二八年）は、一七二五年公刊の『ヴォルフ哲学綱要』第一巻の扉絵にも示されているように、すでにヴォルフ哲学の勝利を既成事実として宣言している。銅版画（図19）では、徐々に明けていく空の下、水辺の風景が描かれている。前景には一羽の水浴びする白鳥、後景には、同じく水と戯れる二羽の水鳥――おそらく家鴨――がいる。横断幕には「波を浴びて自らを浄める」という言葉が見える。しかしこれはどう理解したらよいのだろう。洪水のあとで、水に覆われていた大地が顔を出し、徐々に明るく浄められるということだろうか。つまりは、無知の洪水が過ぎ去り、啓蒙主義が勝利を告げるという意味なのだろうか。あるいはこの横断幕は、自分で波をかぶって身体を浄めている白鳥のことだけを言っているのだろうか。そうだとすると、画面の中心にいる白鳥は誰のことで、誰を象徴しているのだろうか。古来、白鳥は、いわゆる「白鳥の歌」が死の予感を示すように、予言に関わる動物だと思われてきた。またその堂々たる美しさゆえに早い時期から賞讃され、光の象徴、それどころか時にはキリストの象徴とさえみなされてきた。そのためこの図像では、白鳥はヴォルフただひとりを意味しているのかもしれない。この白鳥は、学匠たる哲学者を指し、彼は自らが惹き起こした議論の洪水からひときわ抜きん出て、

図19　テュミヒ『ヴォルフ哲学綱要』（Institutiones philosophiae wolfianae, Bd. I, 1725），第2版（1729）

汚れることがないというわけである。そのようにしてテュミヒの扉絵は、新しい哲学によって啓蒙主義の勝利が目前に迫っている状況を描いているように思える。扉に添えられた小さな図像――「神の栄光」である太陽が雲を破り、いささか荒涼とした風景を照らし出し始めている図像――も、同じことを語っていると考えられる。

それにしても、手のつけられない蒙昧主義者というのは、いつの世にも存在する。ヴォルフ学派のゲオルク・フォルクマー・ハルトマン（Georg Volkmar Hartmann）が一七三七年に公にした『ライプニッツ＝ヴォルフ哲学の歴史への手引き』の銅板扉絵がこのことを示唆している（図20）。神殿前の階段には数学と自然科学の補助的器具が並び、神殿の入口に、真理であるヴォルフ哲学が立ち、「千年至福主義者」（Chiliaste）や、性懲もなく「内なる光」（lumen internum）と「直接的照明」（illuminatio immediata）を祭り上げている人々に向けて稲妻を放っている。彼らは入口の外にとどまっている。ただヴォルフと真理の盟友たちのみが、神殿に近づくことができる。「盟友のみが入ることを許される」（Amicis adire licet）。背景には二人の快活な天使像が描かれ、望遠鏡で太陽を直視している。かつてプラトンは、真の哲学者たるものは太陽を直視できると期待したが、これは周知のように、〔強い光線による失明という〕かなりの危険をともなった。

敬虔主義者は、もちろん事態をまったく別様に捉える。ヨアヒム・ランゲ（Joachim Lange 一六七〇―一七四四年）は、啓蒙主義のように「健全な理性」を拠りどころとするのではなく、「癒された理性」を追求し、神の恩寵によって「癒される」よう期待する。彼の著作『精神の医学』（一七〇八年）の扉絵において、「神の言葉の僕《しもべ》」たるランゲは、理性への希望を謳う啓蒙主義の寓意画群に当てつけて、敬虔主

図20　ハルトマン『ライプニッツ＝ヴォルフ哲学の歴史への手引き』(Anleitung zur Historie der Leibnitzisch-Wolffischen Philosophie, 1737)

義側からの対抗像を打ち出そうとしている（図21）。偏見との闘いなど、多くの点で初期啓蒙主義との共通点をもちながらも、ランゲの図像は、人間理性の堕落に力点が置かれている。ここでは、健全な理性の「改善」が説かれるのではなく、著作の副題ですでに示されているように、まずは「病んだ理性の治療」が必要なのであり、それは真なる知恵へと導く手堅い（キリスト教的）教導によって実現されるはずだとされる。そしてこのことは、病んだ理性を正しく診断し、誤った知恵である贋の哲学を明らかにして斥けることによってのみ可能になる。それというのも、贋の哲学とは愛知《フィロソフィア》ならぬ愛愚《フィロモリア》であるが、愚かさは罪である以上、それは同時に罪への傾向なのである。この綱領をあらわす図像としては、古くから知られている樹木のモチーフが用いられる。樹木のモチーフは、とりわけ論理的な基本概念の成立過程（「ポルフュリオスの樹」）や、哲学上の諸学科の成立過程（デカルトの場合〔デカルト『哲学原理』の「仏訳者への手紙」における「学問の樹」を参照〕）を具象化したり、また当然のことながら、さまざまな哲学を、その起源から現時点の状態まで叙述する。とはいえランゲの場合、哲学の樹は、愛知の樹（「哲学の樹」）ではなく、痴愚に対する愛好の樹（「愛愚の樹」Arbor Philomoriae）となっている。それゆえにその樹はまた、アテネの聖木としてアクロポリスを飾る異教的なオリーブの樹（「痴愚」）であり、これはキリストの十字架という命の樹に対立する。ランゲの描写によると、この「愛愚の樹」は「自然」（Natura）の大地に生え、「伝統の川」（Fl. Traditionis）と「啓示の川」（Fl. Revelationis）という二つの流れに挟まれた島の上に立っている。太陽は半分隠れているが、ここでは太陽は啓蒙ではなく、世界を「照らす」はずの神をあらわしている。「愛愚」の太い幹は「ヤフェトの痴愚」（Moria Japhetica）である。この主たる痴愚は明らかに、ノアの三番目の息子ヤフェトの名で呼ばれている。ヤフェトは、ハム族の父祖ハム、セム族の父祖セムの兄弟であり、小

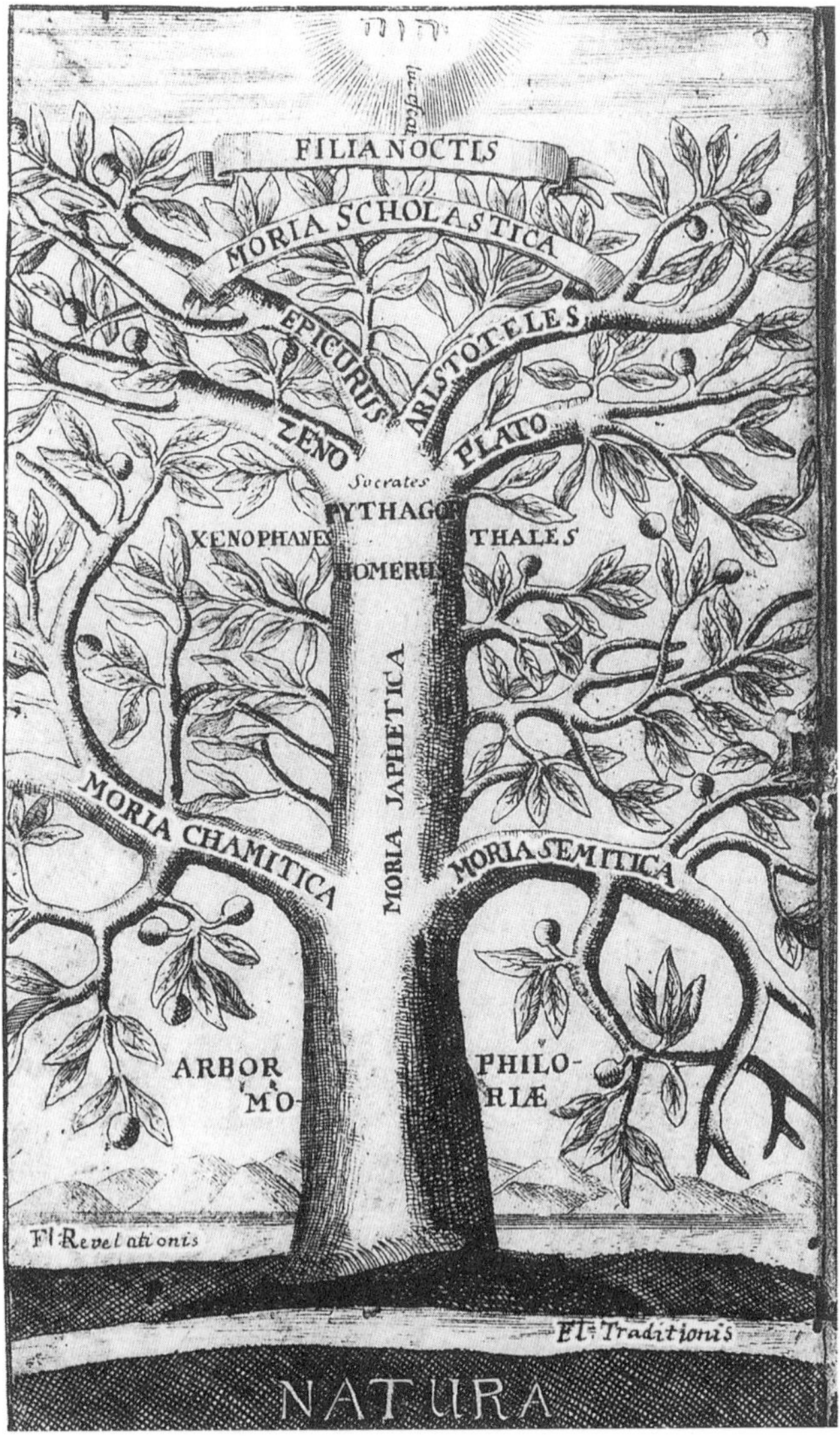

図21　ランゲ『精神の医学』(Medicina mentis, 1708)

アジアの民族の父祖とみなされている。そこでランゲは、小アジアのギリシア植民地で哲学が発祥した事実に関連させ、プラトンがエジプトに旅行し、モーセと会っていたという古い伝説を――否定的な意味合いを籠めながらではあるが――踏まえて、哲学の系譜を構築することができた。それによれば哲学は、旧約聖書の知恵の教えから生まれた鬼っ子ということになる。哲学の樹冠は、もともとは聖書に由来する幹から生い育ち、最初の枝は「ハムの痴愚」(Moria Chamica) と「セムの痴愚」(Moria Semitica) をあらわしている。ギリシアの贋の哲学の主要な枝からなる樹冠のすぐ下方にもすでに小さな枝が出ており、それらは前ソクラテス期の哲学者たち、クセノファネス、タレスをあらわす一方で、ギリシア化された痴愚の幹は、ホメロスとピュタゴラスを経て、ソクラテスにまでいたっている。さらにここから、四本の主要な枝ごとに、ゼノン、プラトン、エピクロス、アリストテレスへと枝分かれしている。しかし一番の要は、樹の先端にある。最終的な産物である悪しき果実を実らせた上部の枝は、「スコラ学の痴愚」(Moria Schlolastica) を表し、最上位にある未熟で細い枝は、現代の哲学を意味している。この哲学は、理性の太陽の下で育った啓蒙ではなく、二重の意味で「夜の娘」(Filia Noctis) である。つまり、啓蒙主義とは、「夜の影の産物」であり、新しい世界知は、昔ながら世にはびこる愚かさに逆戻りするのである。

ランゲの啓蒙主義批判は、もっぱら彼のかつての後ろ盾であったトマージウスを標的としていたが、トマージウスのほうでも、すでに言及した宗教批判の図像を使って応戦するなど、いわば寓意画を媒介した小競り合いが続いていた。ところがヴォルフが哲学者として登場してからは、ヴォルフその人が批判の矢面に立たされるようになった。いわゆるヴォルフ的な無神論を批判した『神と自然宗教の由来』

（一七二三年）の第二版（一七二七年）の序文において、ランゲはこの最新の世界知〔啓蒙主義の哲学〕を贋の哲学とみなすだけでなく、「世俗の知恵」がその実「世にはびこる愚昧」であることを仄めかしながら、愚かな知恵、あるいははっきりと「愛愚」とも呼んでいる。とはいえ同書の扉絵（図22）では、もはや否定的に「愛愚」の樹が示されるのではなく、積極的に永遠の真理の巌、ないし神の事柄が描かれている。神を象徴する太陽の光が暗い群雲を突き抜け、太陽は「存在せよ」（Fiat〔「創世記」における神の世界創造の言葉〕）と命じ、その命令が、当の言葉によって成立した世界、つまり地球の姿をした「語られ、成し遂げられる」（Dictum Factum）にまで届いている。その下方には巌があるが、それはおそらくランゲが擁護する神の事柄であり、ここには、のちにヴォルフが自らの哲学を語ったのと同じ「確固たるものを勝ち取る」（Inconcussa triumphat）という言葉が記されている。黒く描かれた人物群は、神および真なる宗教の敵対者たちであり、彼らは巌のふもとで、それを鶴嘴で壊そうとしているが、一向に成果を上げている様子はない。これは現代の啓蒙主義者たちをあらわすのだが、彼らは一皮剝けば蒙昧主義者なのだ。これらの愚か者たちは、自身の妄想を武器にするほかはない。「愚か者には、狂気が武器となる」（Stolidis furor arma ministrat）。ここでは疑いようもなく、啓蒙主義と敬虔主義が、図像学《イコノロジー》的な（イデオロギー的な）水面下の闘争を繰り拡げているのである。

　著者たちは当然、自らの志の成就を祝い、あの手この手で自身を顕彰しようとする。そこで、さまざまな種類の立像、石碑、オベリスク、台座、祭壇などが、十八世紀のあらゆる造形芸術のなかで好まれるモチーフとなった。新古典主義を背景として、それらはとりわけ人気を博していったのである。もっとも書籍では、戦勝記念碑はますますただの装飾的役割に格下げされ、読者に訴える力も弱くなってい

図22　ランゲ『神と自然宗教の由来』(Causa Dei et religionis naturalis 1723; 第 2 版 1727), リプリント (1984)

った。哲学者ヨアヒム・ゲオルク・ダルイェス(Joachim Georg Darjes 一七一四—九一年)は、初期啓蒙主義によって「闇の女王」として蔑視された形而上学を、「諸学の母」とみなし、視覚的に顕彰しようとした最後の人物の一人である。とはいえ、彼の『形而上学教程』(一七五〇年、第二版一七五三年)の扉絵をよりよく理解するには、まずは比較的よく知られているニーウェンティ(Bernard Nieuwentyt 一六五四—一七一八年)の扉絵を考察したほうがよいだろう。

医師であるベルナルド・ニーウェンティの著作『世界の観照の正しき使用』(一七二七年)は、ある種の自然学的な神学であり、おおむね自然科学的な傾向の著作ではあるが、自然の秩序にもとづいて賢明なる創造神を証明するという明確な目的をもっている。この著作は、無神論者やいわゆる「自由思想家」を標的として、形而上学に反抗する決然たる口吻をもって、経験に拠りどころを求めている。そうした基本的姿勢を示そうとした巻頭の銅版画(図23)は、神なる「光のイメージ」をあらわしている。太陽の形をとった神が上方から中心人物を照らし、その右脇の女性像は、後景で第二の日輪を掲げている。さらに左側には、雲の切れ間に現実の太陽、月、幾筋もの稲妻、虹、噴火している火山が描かれている。ソドムとゴモラを思わせる画面の左半分には、消えたランプと罅割《ひびわ》れた地球儀が添えられ、明らかに古い暗黒時代をあらわしている。それに対して、右側の光の像と、数学や自然科学の器具類は、麗しい新たな世界を暗示している。しかしながら、解説のために付された詩を信じるなら、この図像は理性の光に対する賛美ではなく、むしろ経験や経験科学を褒め讃える脆弱な理性に対する批判なのである。

23　ニーウェンティ『世界の観照の正しき使用』（Het Regt gebruik van de wereld beschouwingen, 1727）

扉絵の解説

堅固な祭壇の上に、人知の基礎となるべき
「経験」が輝く。
「哲学」の手は目隠しを解く。
「誤謬」は新たな世界を目にして顔を背ける。
さまざまな「器具」の助けで、自然は巧みに
玄妙な仕組みを露わに示す。
憶測をでっち上げ、闇雲に受け容れる暗い理性の僻目には、とうてい及ばないほど。
「雲」は晴れ、「真理」が現れる。
その燦然たる光を見て讃えよ。
しかし、恐ろしい夜に姿を隠した「自由思想家」は光に苛立ち、
目を眩ませる昼よりも夜を好む。
神そのものから流れ出る救いの「光」は、
「経験」にとって、道を照らす導きとなり、
それがもたらす進歩を聖なるものにしつつ、
任務を有利に進める援けを与える。
不敬虔な者が作り上げるのは、虚しくも取るに足らない体系。
世の一切はわれわれを教え導き、

「神の言葉」がいかなる声で響くのかをわれわれに教える。「作品」は常にその「作り手」を示すのだ。

B・L・M（おそらく医師ベルナール［Bernard le Médicin］）と署名のある詩は、描かれた以上のことを語っているかと思えば、描かれたものを説明していないのは明らかである。もちろん、右隅に描かれた個々の器具や動物の死骸を説明していては、あまりに煩瑣になったことであろう。さらに、消えたランプと、中から土竜《もぐら》が這い出ている砕けた地球儀が、没落していく世界を示していると、読者は自分できちんと解釈してくれると著者は期待できた。とはいえ、少なくとも現代の読者にしてみれば、ひとつひとつの像をもう少し説明してくれたら助かったことだろう。基本的には――解釈の信憑性は問わないことにして――副次的な図像の意味はなるほど明瞭である。左下では、目隠しをほどかれた「古い哲学」が、新たな真理の光によって目を眩まされている。あたかも同じ根から生えたように姿が重なりながら、右上の「真理」を仰ぎ見ているのは、「誤謬」ではなく、「新たな哲学」である。その当の真理は、書物と平和の棕櫚の枝をもち、平和で科学的な真理という態《てい》で、右足で誇らしげに地球儀を踏んでいる。画面の中央に、裳裾に「万物の女教師」（rerum magistra）、すなわち世界の知恵の教師と記され、経験を象徴する中心人物が仲立ちとして立っている。この人物はどうやら自発的に右手で哲学から目隠しをほどいたらしく、左手では真理を指している。彼女自身は直接に神から照らされ（「啓蒙され」）ているが、「暗い理性」（sombre raison）と貶められている理性や誤った「自由思想家」は、図像には描かれていない。結果としてここでは、経験主義的であると同時に信仰主義的な（それゆえ「反-合理主義的な」）啓蒙主義の勝利が讃えられているような印象が生じているのである。

おそらくダルイエスは、彼の形而上学（『形而上学教程』）の扉絵で、このような見解を正そうとした。いずれにせよ、その図像（図24）には、ニーウェンティの銅版画にも用いられていた要素がいくつか含まれている。左下にはふたたび、過去の世界の象徴である罅割《ひびわ》れた地球儀と火の消えたランプが置かれているが、今の場合さらに、克服された迷信や仮象一般をあらわすものとして、脱ぎ捨てられた仮面が加えられている。右には、画面の前面に押し出るかたちで、平和と学識をもたらす光の像である真理が、日輪と書物と平和の棕櫚を携え、またもや地球儀を右足に踏んで描かれている。中央の祭壇には、まさしく、ニーウェンティの形而上学批判への応答のように、形而上学そのものが「大母（大地の女神）」として佇立している。彼女は、古代の母神の典型であるエフェソスのアフロディテにならって、多くの乳房を持つ女性、すなわちきわめて多産な知恵として描かれている。左手は真理を指し示し、右腕は、上部に新生児の眠る豊穣《コルンコピア》の角を抱えている。これは明らかに形而上学の最も新しい産物、つまりは著者自身の形而上学をあらわす。豊穣の角は、とりわけ動物の頭で飾られている。上辺は三面になっており、三つの頭（狼、獅子、犬）は過去・現在・未来に相当するために、これによって形而上学の超時間性が象徴されている。形而上学の頭には、聖霊による祝福を示すように、炎の冠をかぶり、その炎は、三位一体としての神が雲の中に浮かんでいる辺りにまで及んでいる。地上では、目を見開かされた哲学者が、〔学芸の女神〕アテナ自身によって、哲学のもとに案内されている。観賞者のほうに顔を向けている前方の二人の天使は、板を掲げて、形而上学がいかに力強いかを示し（十字架つき宝珠）、また永遠と時間が互いに結びついていることをあらわしている（二つの三角形が合体した正方形）。天使のうちのひとりは誓

図24　ダルイェス（『形而上学教程』第1巻（Elementa metaphysices, Bd. I, 1750），第2版（1753）

うように手をかざし、もうひとりは自己省察を促している。これも勝利の図像である。しかしおそらくはこの勝利もまた、祝われるのが早すぎたと言えるだろう。

勝利宣言、まさに花盛りである。ランゲはヴォルフに対して勝利を宣言し、ヴォルフはヴォルフで、敬虔主義に対して勝利宣言する。ニーウェンティは思弁的哲学に対する勝利を宣言するかと思えば、次には形而上学が一切のものに対して勝利する。どの勝利もまるで当てにならない。しかし十八世紀中葉には、啓蒙主義はその成功の瞬間を確信しており、凱旋を祝う気分に溢れていた。通俗哲学者ゲオルク・フリードリヒ・マイアー（Georg Friedrich Meier 一七一八―七七年）は、啓蒙主義の限界に気づき始めてはいるものの、享楽主義《アナクレオン》的な啓蒙の華やいだ精神に浸されてもいる。いずれにしても、マイアーの『形而上学』（第一版一七五五年、第二版一七六五年）は、啓蒙主義が元来もっていた闘争の精神をまったく感じさせない晴れやかな画像で飾られている（図25）。マイアーは、有益さと快適さを結び合わせたのである。「甘美さと有用なものの融合」（Miscuit utile dulci）である。いまや、牧歌的な風景の中、ロココ《ロカイユ》風装飾の泉が湧き立ち、左脇の哲学者が穏やかに葦笛を吹いている。まるで、哲学とは縁の薄い出版社が使うイメージさながらである。

哲学は、わずかな数の隠喩を使い回しているにすぎないとは、よく言われることである。そうであるにしても哲学はやはり、イメージを概念に変えようとするのは確かである。その概念自体がまたひとつの「隠喩」であるとしても。意味を感覚的に可視化するのを断念し、イメージをともなわない概念を用いる傾向は、周知のように出版文化であった啓蒙主義においてとりわけ顕著である。初期にはまだしも図像を愛好していたが、バロックから時代が経つにつれてその習慣も薄れていった。ヴォルフは、他の

Georg Friedrich Meiers,
öffentlichen ordentlichen Lehrers der Weltweisheit zu Halle,
und der königlichen Academie der Wissenschaften
in Berlin Mitgliedes,
Metaphysik
Erster Theil.

Zweyte Auflage.
Mit königl. Pohl. und Churfürstl. Sächs. allergnädigster Freyheit.
HALLE,
bey Johann Justinus Gebauer.
1765.

図25　マイアー『形而上学』第1部（Metaphysik, 1. Teil, 1755），第2版（1765）

どの哲学者にもまして、ドイツ語著作を扉絵で解説しようとしたが、その彼でさえ、一連のラテン語著作は扉絵を付さずに公刊している。また、啓蒙主義の末期には、精神的傾向がいかに感覚的傾向に打ち克ち、知的理解がいかに視覚の歓びに勝利したかを、まさにカントの例が示している。『純粋理性批判』は、一切の視覚的な書物装飾を排除した（扉に付された出版社の不似合いな三重の花輪は無視しよう）（巻末「訳者解説」参照）。純粋理性の自己啓蒙は、純粋理性の活動でありつづけるべきであり、通俗化やイメージ化には向かないのである。仮に理性の自己批判がイメージ化されるなら、思考が自らを生体解剖しているあまりにもおぞましいサド＝マゾ的図像にでもなっていたことであろう。

今日から見れば、松明をもった闇夜のリレー競争というイメージなどは、プラトン（『政治家』三二八a）との関係もうかがえて、啓蒙主義をあらわすには悪くないかもしれない。(7) しかし、哲学を視覚化するそのような試みはもはやまともに受け取られはしない。哲学上のある種の象徴表現が啓蒙主義の終焉とともに姿を消したのも、おそらく偶然ではあるまい。想像力の喪失は、視覚化が客観的に不可能になったためだけでなく、象徴的・空想的・図像的に表現する能力ないし要求が衰えた結果でもある（現代でも抽象的概念を擬人化する嗜好は、あまり理解されていない）。近代科学と、それにもとづく啓蒙によってもたらされた貧困な感覚ゆえに、現実をあらわす伝統的な図像表現が他愛のない遊びとして貶められたのである。今日ではそうした図像表現は低級とみなされ、皮肉や郷愁の対象でしかない。図像表現は意味を前提とする。基本的にいまだ自然の感覚に依拠していた伝統的な本質形而上学は、関数や物質の法則を通じて考える近代の機械論的科学によって掘り崩されてしまった。こうして世界は、普遍的に理解可能な意味の構造を失い、視覚化可能な意義を喪失する。世界は、機能的な目的に従いはするが、総じて意味を欠いた機械となる。世界は確かに神を示しはするが、それは製作物が製作者を指し示し、結果が原因を指し示すのとなんら違いがない。自然学的神学は、世界の内に神ないしは合理的な意図を再発見しようとする最後の——すでに滑稽なまでに徒手空拳の——試みであった。したがって、「脱魔術化」された世界は、ロマン主義の抵抗にもかかわらず、いよいよ深層構造を失った平板な世界となり、有意義性を脱落させる。世界は魔術の相貌を振り捨てるのである。哲学は時代遅れの素朴さを繰り返し断念し、啓蒙主義は理性の新たな沈着さを実現したようである。いまでも根源的な形而上学の名残が見られるのは、子供や、愛に溺れる者たちや芸術家だけとなった。それはすなわち、一切のものに象徴的意味を認める感性であり、「魔術化された世界」（バルタザール・ベッカー）でのみいまもなおも息づいている、迷信の魔術的な関係妄想とも言えるものではあるのだが。いずれにしても、いまとなっては図像表現は、以前にもまして、単に主観的な芸術創造の問題に堕してしまったのである。

原注

（1）ヤン・バイアー（Ján Bayer　一六三〇—一七四年）は、早くも一六六三年に、自らの論理学を方向決定の手段として推奨していた。それは、バロック的な標題『迷宮の糸、小熊座、精神の普遍的光』にあらわれているように、定点、導きの糸、光の提供者という三重の姿で示されている。しかし扉絵では、小熊座と、方向づけの定点である北極星だけが描かれている。

（2）リューディガーの自意識は、『真と偽の感覚について』（一七〇九年、第二版一七二二年）の銅版扉絵にもあらわれている。ここでは、旧約聖書の神が陶工になぞらえられていることを反映して、哲学がある種の陶芸として理解されている。自らの作品を粉々に壊している気の狂った一群の陶工たちのなかで、ただひとりの理性的人間——すなわちリューディガー——が、迷妄を免れている。「無意味に音を立てる狂乱によって、陶工たちは没落する」。

(3) ホフマンは、哲学と他の諸学問、とりわけいわゆる上級学問との関係を記述するために、本文中でまったく別のイメージを用いている。そこでは、諸学問の体系が、哲学を幹とする樹木になぞらえられたり、哲学が血液循環を惹き起こす心臓となっている身体というイメージであらわされている。

(4) 図12、図14に関しては、マルティン・ポット氏に負っている。彼は間もなく啓蒙主義と迷信についての学位論文を提出する予定である。

(5) 『哲学小論集』第五巻(一七四〇年)に付された図像では、勝ち誇る太陽の比喩が道徳的に応用されている。雷雨の中に「正義」が現れ、ふたたび太陽が輝く。詞書は、この図像の教訓を述べている。「常に理性的であろうとする者のみが、徳を行使することができる。雲や雷光、嵐は、彼から遠く離れている」。

(6) ヴォルフの哲学的自意識は、他のさまざまな寓意画でも表現されている。たとえば『ドイツ論理学』(一七一二年)の扉絵は、ラテン語訳(一七三〇年、第三版一七四〇年)の扉絵と同様に、秤を掲げ物事の軽重を区別することができる神の手が、雲間から覗いているといった寓意画である。「物事の重要性を判定する」。しかしここでは、判別の技倆(「批判」)と解釈された論理学にとって模範となっているのは神自身であるのに対して、『哲学小論集』第二巻(一七三七年)の銅版扉絵では、おそらくヴォルフ自身と思われる姿が、潜在的に全体的な知識というその哲学理解に従って、神のように、神の光の照明のもと、すべてを正しく判定している。暗い(幕で覆われた)空間の覆いがはずれたところから光が魔法の燈火に射し込み、ヴォルフ哲学を意味するこの光が、神の手とそれに付された言葉が記された像を向かい合っている壁に投影している。図像の銘が示すように、ヴォルフはこうして神の知恵を伝え、同時にそれを——啓蒙という意味で——明確にするのである。「ここで小さなものが偉大となり、暗闇が明るくされるが、図像と色は変わることなく保持される」。

(7) 十八世紀の啓蒙主義の寓意と内容的に対照的なプログラムを示している現代的な光の寓意としては、ルネ・マグリット(René Magritte 一八九八―一九六七年)の絵画が挙げられる。マグリットは、「光の帝国」と題したいくつものヴァリアントを描いている。湖のある暗い公園に佇む邸宅が内側と外側からぼんやりと灯に照らされている。闇が拡がる中、わずかな「光」が描かれているのである。しかし、マグリットの作品ではよくあることだが、この絵の中でも描かれた事柄は何か釈然としないところがある。人間の生活はごく一部だけが照らされた暗闇であるのに、その上空は晴れわたった明るい日中の空が覆っている。マグリット自身によれば、彼は、光に劣らず闇をも愛したため、光と闇の邂逅をめぐる「詩」を描いたのだという。そして、夜の天空の下に日中の風景を描くことはできなかったため、日中の天空の下に夜の風景を描くにとどめたのである。そこでこの絵画は（いやおうなしに）、一切は日中にあって明るいが、ただわれわれ自身のみが、もしかするとわれわれ自身が作り出した闇によって覆われ、自らの光を灯すのに多大な労力を必要とするという考えを要約している。

哲学の概念

ドイツ啓蒙主義の哲学概念を理解するには、哲学の役割が宗教との関係で繰り返し問われた十七世紀の哲学論争を背景としなければならない。思考は信仰に比べてどの程度の、どのような自立性を要求することができ、要求すべきなのか。信仰をめぐる一世を風靡した論争においては、自由な思考としての哲学に当初はほとんど活動の余地が認められていなかったが、それでも哲学が自己を主張する明白な意志が窺える。その限りで啓蒙主義以前にも、哲学の解放や、少なくとも哲学の再建を求める一定の傾向はすでに存在していたのである。それはたとえば、宗派に縛られない態度に現れている。ライプニッツは、信仰と学知の調和を思考の中心に据え、独力で思考の相対的な自立性を打ち立てるまでになった。とはいえ理性の自立化は、啓蒙主義において——長期的にみれば一貫してはいなかったが——はじめて大きな一歩を踏み出したのである。トマージウスとヴォルフ、そして彼らの後継者たち、つまり「群小哲学者」がそれをようやく実現したのだった。「群小哲学者」がこの時代の哲学理解の問題に多大の関心を寄せたのは、時代精神をいわばそのまま受容したためである。この「群小哲学者」については（啓蒙主義の始祖たちと違って）いまだ研究が行き届いていないためやや詳しく扱うことにして、トマージウスやヴォルフの見解は、要約程度にとどめたい。ただし、トマージウス学派やヴォルフ学派、その後に続く折衷的理論家や通俗哲学者の哲学理解を炙り出すには、概念と概念史をめぐる少なからぬ努力が必要となるだろう。それというのも、哲学の本質をめぐる彼らのさまざまな考察は、現代から見ると無味乾燥な講壇哲学の味気ない装いに隠れ、あまりに素っ気なく単調な概念規定に覆われているからである(1)。

このように、唯一の主題（「ソクラテスよ、そもそも汝の職業は何なのか」という問い）をめぐって展開された議論は、見たところ単純だが、もちろんそこには新旧の要素が入り混じっている。もとよりそれらの要素の種類は限られており、主題に関しては、最終的に一つに収斂していくのを確認することができる。哲学者同士はいかに対立し合っているように見えるとしても、同じようなことを語り、考えているようなのである。したがって、このような混乱ないし単調さの中から、果たして十八世紀哲学の主たる傾向を読み取ることはできるのか、また啓蒙主義において哲学が明確に啓蒙と定義されることがないような場合でも、その哲学理解をこの時代に特有の意味で、たとえば実践的合理主義として示すことができるのかが問題となる。哲学の本質に関する問いに答えるにあたって、その試みに何らかの一貫性を求めることができるのだろうか。啓蒙主義哲学が自らを規定しようとする際に、最重要とみなせる問題群は存在するのだろうか。啓蒙主義哲学の自己規定にとって要となる、啓蒙主義の自己省察の可能性、つまり宗教と学問に関する自由な思考こそが肝心なのだろうか。

（一）　生き生きとした認識

トマージウスの哲学概念は、大きく見て三つの段階を経て展開される。出発点（『宮廷哲学入門』一六八八年、第二版一七〇二年）では、哲学の位置を大学の教育・研究の予備学問と位置づけながら、社会や宮廷にふさわしく、「政治的」生活に役立てようと試みている。この点でトマージウスは、哲学者の立場に立ってより高次の学問との関係から、哲学を実用的で従属的な知的技能と定義している。哲学は、ただ理性のみにもとづいて神、被造物〔世界〕、人間の行為を考察し、「人類の福祉のために」被造物とその活動の原因を問い求める「知的・道具的習慣」である、と。なるほど、このような概念規定のそれぞれの要素はけっして目新しくはない。それは、キケロ（Cicero 前一〇六―四三年）が「ストア学派的」な哲学の定義（「神々と人間の事柄についての知識」）を、キリスト教的・「アリストテレス主義的」に解釈し、創造者および原因探求という観点を付加したのがそもそもの始まりである。トマージウスはこうして、哲学の自立性と重要性を強調できるようになった。確かに正しい理性は、真の宗教と対立するなどありえないし、対立すべきでもない。真の宗教との調和は抽象的に要請されたにすぎず、トマージウスの考える哲学の自立性を脅かすことはない。それというのも哲学は、自ら「神学的」とみなすような（可能性をめぐる）問いにはもはや関わり合うことがないからである。哲学はひたすら現世的な至福にのみ関わる。永遠の至福は、理性の能力を超えているからである。一方でいわゆる「キリスト教哲学」は、二種類の認識原理を混同する危険があるとトマージウスは批判し、その影響は後々にまで及ぶ。何と言っても哲学は社会にとって重要である。哲学は人間、とりわけ国家の指導者や公僕に、幸福への道を指し示す。同朋に奉仕し、ひいては人類の普遍的福祉に奉仕するのが哲学の役目なのである。

トマージウスは、哲学の本性を規定する第二の段階（『理性論入門』一六九一年）においても、哲学の実践的な有用性を強調している。トマージウスは自覚的に全人類に語りかけ、結果的には、自己形成の意欲と義務をもった市民を対象としている。哲学とは教養である。「教養とは、人間が真と偽、善と悪を区別することができるように、確実で真なる原因、場合によってはおおむね真であるような原因を示し、自分自身と他の人間一般の生活実践において、現世的・永遠の福利を促進しうるようになるものである」（七五頁以下）。したがって、知識による陶冶が必要なのであり、自らの判断能力にもとづいて、真と善の原因を探求する認識が肝心である。哲学（「世界知」）は、そのような批判的・実践的認識の一部なのであり、悟性という「自然の光」による「この世の生活に有用な」認識を意味する。そのため、幸福を目的とするトマージウスの哲学の定義では、幸福の主要条件としての徳——より正確に言うなら、徳の条件である善の認識のみ——を哲学の概念に組み込む。その際に真理そのものの認識は、多かれ少なかれ道徳の手段とみなされる。その限りで、哲学は本質的に世界に対処するための倫理的哲学なのである。世界知としての哲学は、「きわめてわかりやすく」すべての人にとって理解可能であるため、万人の共有財産となる（一三頁）。逆に言えば、哲学はすべての人に関わる以上、何らかの仕方で原理的に万人（当然、すべての女性も含まれる）に理解可能でなければならない。もとより、トマージウスは最終的には、世俗の哲学者と専門の哲学者との区別を捨てはしないのだが（七六頁以下）。

トマージウスは第三段階で、真理に関する問いを思い切って除外して、真の教養の働きをもつ知恵を、善に関する生きた認識と定義することによって、哲学の道徳的な方向性をいっそう際立たせている（『法学研究註記』一七一〇年、ドイツ語版一七一三年）（一頁）。これ以前の著作においても、哲学の学問性よりも探求や問いかけの活動が重視され、独自の判断力が強調されていたが、それにもまして、真理の問題はますます遠ざけられるようになった。幸福になるには、善（「それらしい」善——もちろん、外見上

「それらしく」見える善でなければならない）の認識で十分なのである。ただしそれは、生き生きした信仰と比肩しうるような生き生きした認識であり、根源的で現実に遂行される、行為に即した実効のある認識でなければならない。「健全な」理性にもとづくこうした真正で有効な認識こそが、人間の認識の限界内での、一般的で、ほとんど唯一の意味での理性的信仰、ないし「哲学的信仰」なのである。そのためトマージウスにとって哲学は、客観的・間主観的に妥当する真理認識（たとえば原理に関する学）を特徴とするのではなく、善に関する生きた認識として、本来は各々の人間が実現してこそはじめて存在する確かな信仰ないし知恵であった。当時の術語にならって言うなら、トマージウスは哲学を「客観的な」（対象に関わる）、ないし「体系的な」（学問の体裁をとる）ものではなく、「主観的な」（つまりその担い手たる主体に関係する）ものと定義するのである。

哲学の本質を新たに規定しようとするトマージウスの試みは、弟子や支持者たちのさまざまな反響を呼んだ。哲学と宗教をより厳密に分離する姿勢は、人によって力点は異なるにせよ、広く受け容れられ、その後まもなく自明なものとされた。哲学の目的の提示（「幸福」）、および主観的な実現と活動の形態（「生き生きとした」）の点で、思考の実践的な意図が重視され、対象が実践的観点から絞り込まれることもあった。同時に、経験や正しい理性の役割のみならず、さまざまな判断力の必然性が前面に出たため、認識としての哲学の独自性がますます注目されることになった。哲学とは、鋭敏で「公正な」、したがってとりわけ分析的・批判的な認識である。またその限りで哲学はまずは「哲学する」という主観的活動であり、個人の歴史や成熟を意味するのであり、対象や成果によって測られたり、学問体系を目指したりするものではない。現代的な言葉で言うなら、哲学はますます実存的になり、学問性を弱めていったのである。もちろんトマージウス本人と比べるなら、その後継者では（批判的ないし実用的認識と区別して）生き生きとした認識を強調する態度は失われてはいく。いずれにしても、やがてトマージウス主義とヴォルフとの対決において、哲学の対象に対する新たな反省が生じることになる。

トマージウスが提示した規定――とりわけ最初の二つのかなり伝統的な規定――は少なくとも原則的には、彼の信奉者に受け容れられたが、時には強調点に変更が加えられ、より豊かで新たな方向の出発点となることがあった。神学者ヨハン・フランツ・ブッデ（Johann Franz Budde 一六六七―一七二九年）と医師アンドレアス・リューディガーは抜きんでた影響力を及ぼした。彼らはトマージウス派内の両翼に位置しながら、独自の学派を形成していったのである。ブッデは、とりわけ簡潔な教科書によって影響を及ぼし、リューディガーは独自の創造的思想家として活動した。

ブッデの論理学（『哲学の基礎的教程』一七〇三年、第三版一七〇九年）は、初期のトマージウスと同様に、キケロ主義的な哲学の定義から始まる。哲学とは、幸福を目的とした、神的・人間的事象の認識であるとされるのである。「哲学は、言葉のうえでは知への愛あるいは熱意であるが、内容の点では、神々と人間の事柄についての知識である。それは、正しい理性の導きによって、人間の真の幸福を獲得し、保持するためのものが認識されうる、ということにもとづく」（四頁）。こうした定義は、認識の種類・対象・手段・目的が明確にされることで、はじめてその真意が理解できる。哲学とは、有益な認識ではあるが、厳密に学問的な確実性ではなく蓋然性があるにすぎない。「知識は当然、習慣的であり、時には学問的であり確実であるが、一般的には、せいぜい真にみえるだけであり、蓋然的である」（四頁）。とりわけ、自然界の事物に関する認識の多くは蓋然的である。哲学は本来の意味では学問ではないが、自然科学的な認識も、それが自称するほどには確実ではない。こうした事情に応じ、幸福をもたらす認識として哲学を規定することによって、哲学の実存的意義や実践的な目的設定が強調される。理論的な（無益な）真理や、単なる好奇心を満足させるのが重要なのではない。「ここではわれわれは、無用な単なる知識について考えているのではなく、有用な知識について考えているのである。そして、その知識があれば、人間の魂は哲学が目指す真の幸福へ達するようになっている」（五頁）。哲学は言葉や概念をもてあそぶだけの学問ではなく、事象に関する学問であるとブッデが強調するのは、哲学が伝統的に「自由学芸」と結びついてきたことを批判しているのである。ブッデが語る事象とは、神的事象と人間的事象をキリスト教的に解釈し直したものであり、神的事象とは、神的な行為、その作用、神が創造した事物を指し、人間的事象とは、まずは人間の行為である。したがって、哲学と神学との区別は、対象ではなく、認識の手段、すなわち「哲学における認識原理」としての「正しい理性」に関係しているのだが、正しい理性の本質そのものは未規定のままである。これに対して、ブッデが最終的な拠りどころとする「真なる幸福」の概念には、明らかにキリスト教的な内容が盛り込まれていた。それというのもブッデは、通例と同じく、永遠の幸福と現世の幸福を区別し、それぞれを「最高の幸福」「下位の幸福」と呼んでいるからである。神学者ブッデは、この二つの幸福を明確に哲学の「目的」と規定して、哲学に対してまずは広範な領域を割り当てる。こうしてブッデは、哲学をあらかじめこの世の生とその成就（幸福）に限定したトマージウスと袂を分かつのである。しかしながらブッデによれば、最高の幸福という目標には、啓示の光なくしては到達しえない。そのため哲学は実際のところ挫折を余儀なくされており、啓示に依存せざるをえない。ここでは啓蒙の哲学者が、内実はプロテスタントの神学者と同じになっている。ブッデは哲学にあらかじめ限定を強いるかわりに、神学と哲学の目的を同一とみなしたうえで、最終的に哲学を解体して神学の下位に置くのである。

ブッデは哲学の確実な成果には限界があると考えてはいたものの、哲学の学問的でアカデミックな性格を強調してもいる。ブッデは「世界知と学問知の区別について」(マルティン・ムージヒ『知恵の光』〔一七〇九年〕の序文)において、トマージウス以上に、講壇の哲学(「学問知」)と世界の哲学(「世界知」)とを区別し、カントの有名な区別(学校概念としての哲学と世界概念としての哲学)の先駆けをなしている。後者の世界知とは、いわば自然本性的な哲学であり、講壇哲学という補助手段によって完成されるはずのものではあるが、かえってそれによって毀損されることもまれではない(第二節以下)。講壇哲学は(のちのカントと同様に)、より根源的な、世界の哲学に奉仕する。世界の哲学は、本質的な目的や関心(ここでは現世の幸福と永遠の幸福と理解される)に呼応しているのであり、世界(世間)向けの哲学(一般向けの通俗哲学)とかならずしも一致する必要はない。ブッデは明らかに、哲学が単なる処世訓に堕する危険を看て取り、本来なら知的な努力や活動を通じて獲得されるべき認識を安易に通俗化するような要求には反対している。そのためにブッデは――のちにはリューディガーも――哲学者に対して、特別な認識能力と認識実践を求めるのである。

トマージウスやブッデと異なり、リューディガーは哲学の主観的な目的ではなく、それぞれの哲学者が選ぶ認識対象の独自性から出発する。リューディガーが繰り返し強調するように、哲学の対象は一方では把握困難で万人向きではないが、哲学的認識は最高に重要であり、誰にとってもきわめて有用である。そこでリューディガーの主著(『総合的哲学』一七〇七年)の初版でも次のように述べられる。「哲学とは、いかなる人にもただちに明白ではないが、すべての人にとって非常に有用な真理の認識である」(三頁)。それゆえに、隠された、誰にとっても必要な真理を発見する独特の努力が必要であるし、実存的な要求にもとづく科学的な姿勢が求められる。哲学は批判的で実践的な機能をもつが、実践的な機能を果たすためには、批判的な機能が不可欠なのである。幸福には、洞察力と判断力が必要とされる。「哲学とは啓蒙である」と言うこともできるだろう。

このような哲学の理解は、すでに古代哲学がそうであったように、大衆からの遊離だけでなく、人類に対する責任をも自覚している。リューディガーは、『学識の綱要、または総合的哲学』(一七一一年)という標題で自著の第二版を公刊した際に、こうした理解を文字通り保持していたことになる。さらに第三版(一七一七年)では、認識および学識全般の普遍的な実践的目的を設定している。あらゆる学識は、「単なる好奇心に終わらないように」(三頁)、何らかの目的をもたなければならない。人間の最高の目的は、人間の徳と幸福を目標とする神的意志に、自らの意志を適合させることである。こうした観点から見ると、「一般教養」と同義である学識ないし哲学とは、われわれの意志を神的意志に合致させるという目的にふさわしい隠れた真理を判別・認識することである。「それゆえ、最も広い意味で理解された哲学とは、一般教養と同類である限りでは、真理を判別する認識である。誰にとってもただちに明白ではないにしても、われわれの意志を神の意志に適合させる真理の認識である」(六頁)。このような定義がいかに回りくどく聞こえるにしても、その狙いは明確である。哲学は「判別する認識」として、自然的理性にもとづいて敬虔と徳に奉仕するのである。

宗教的・道徳的であると同時に批判的でもあるこうした哲学の方向性は、標題からも実践的な意図が窺えるリューディガー『実践哲学』(一七二三年、第二版一七二九年)の新版(最終改訂版)をも規定している。ただしここでの哲学理解の表現は、いまやかなり複雑なものになっている。つまり哲学はこの場合、感覚的知覚ないし経験にもとづく認識であり、感覚的知覚や経験を基礎にしつつもそれらによっては直接には認識しえないような普遍的な手段や目的を露わにするものである。神へのより正しい崇敬と、人類の平和(平安ないし確実性)を推し進めるのがその目的なのだが、それは通常の認識をもってしては不可能なのである。「哲学とは、感覚あるいは経験にもとづいて、一般的目的と、一般的手段を発見する認識である。こうした目的や手段は、感覚と経験によって直接に認識されない。神が正しく崇敬される に応じて、人類の平安あるいは確実性は、通常の認識の手段では不十分ならば、学問的な認識という手段によって達成される」(一頁以下)。したがって哲学とは、徹底した認識、ないし洞察による啓蒙なのであり、敬虔・徳・平安が促進される過程の手段なのである。ここで言う平安とは、ブッデがなお努力目標としていた現世の幸福と永遠の平和のことではない。リューディガーによれば、哲学をもってしても幸福を手に入れることはできないのである。これに対して、平安という可能で限定的な幸福は、経験にもとづくと同時に経験を越えるような目的志向的な認識によってのみ達成され、しかもそれは神への従順のかたちで実現される。他方でリューディガーは哲学のさらに広範な規定も提示している(もっとも具体的に示されているのではなく、事柄から見てとれるだけだが)。この規定は、これまで見てきた定義とは矛盾しないまでも、哲学の認識対象をより厳密に捉え、ヴォルフに逆らうかたちで、まったく新しく実り豊な展望を開く。リューディガーによると哲学とは、隠れた量と特質に関する普遍的な認識、すなわち「通常の認識からは逃れてしまうような、質と量に関する普遍的認識」(三頁)である。量と質、ないし両者各々の認識という古い区別は、哲学を数学化する可能性を斥けるという意味で、哲学の自己規定にとってはカントにいたるまで重要である。哲学とは確かに計量可能な「量」の認識ではあるが、同時に、必然的ではないまでも——のちにはそうなるが——「質」についての認識でもある。

リューディガーとブッデはトマージウス主義を大きく前進させ、すでに述べたように、それぞれ学派を形成した。両派は十八世紀初頭以降は、トマージウスからの直接的な影響・発展と肩を並べ、多くの点で三つ巴で絡み合うことになった。トマージウスがハレを牙城としたように、ブッデはイェーナの知的環境を支配し、リューディガーはライプツィヒを席捲した。その影響は、部分的には、それぞれの土地に生まれ育った第二世代、第三世代の哲学者にまで及んでいる。ライプツィヒのリューディガーの周辺には、ゴットフリート・ポリュカルプ・ミュラー（Gottfried Polycarp Müller 一六八五—一七四七年）と、より重要なアウグスト・フリードリヒ・ミュラー（August Friedrich Müller 一六八四—一七六一年）、のちには、アドルフ・フリードリヒ・ホフマンと、その弟子でカントにとっても重要な意味をもつクリスティアン・アウグスト・クルジウスが挙げられる。ブッデ周辺のイェーナ学派では、ヨハン・ヤーコプ・ジュルビウスとヨハン・ヤーコプ・レーマン（Johann Jakob Lehmann 一六八三—一七四〇年）といった、今日では忘れられてしまった体系家がいたが、何よりも、ゴットリープ・シュトレ（Gottlieb Stolle 一六七三—一七四四年）やヨハン・ゲオルク・ヴァルヒ、ヤーコプ・ブルッカー（Jacob Brucker 一六九六—一七七〇年）といった歴史家や事典編纂者が傑出しており、後期啓蒙主義にまで影響を及ぼしている。ここでは、これ以降のトマージウス主義の発展例は若干挙げるにとどめよう。ヴァルヒとA・F・ミュラーは、リューディガーを継承して「批判的」哲学概念を発展させた例であり、ムージヒとレーマンは、ブッデの周辺で、「実用主義的な」哲学概念を展開した例と言えるだろう。[2] 最後に、こうした段階の締め括りとして、ホフマンとクルジウスを紹介しておこう。[3]

イェーナのブッデの許に赴く以前、ライプツィヒのリューディガーに学んでいたヴァルヒは、哲学の対象の規定という点でブッデを継承しているが、一方でリューディガーと同様に、哲学の批判的性格をも強調している。一七二七年の『哲学入門』では、最も詳細に、また『哲学事典』（一七二六年、第四版一七七五年）の記述とたびたび同じ表現を用いて哲学の概念を規定している。ヴァルヒは、「〔哲学とは〕神の栄光と人間の福祉を促進できるように、健全な理性によって、神的事柄と人間的事柄の普遍的真理をその本性にもとづいて判別的に認識すること」（二二頁）と定義している。ヴァルヒは、ブッデと同様に、こうした認識の性格と対象、手段と目的とを論じながら、リューディガーに従って、判別的認識をさらに踏み込んで説明している。「哲学者が扱う諸々の真理は、誰でもただちに直視できるようなものではない」（二三頁）。諸々の真理は、徹底的に一貫して認識されなければならないのであり、しかもその本性、つまり本質に従って、あるいはのちにカントが言うように、その概念に従って認識されなければならない。しかしヴァルヒは、哲学の一貫した認識を普遍的認識とみなすだけでなく、普遍的真理を志向するものとみなす点で、実際上はリューディガーの枠組みを越えている。さらにヴァルヒは、トマージウス的な意味で、哲学とは生き生きとして実効ある認識でなければならないと付け加えるのを忘れていない。なぜなら人間は「実践するように創られている」のであって、哲学者は、悟性と徳を「最も厳密に結合」させなければならないからである（二四頁）。それと並んで、ヴァルヒは神学者として、リューディガーと同じく、哲学の宗教的目的を堅持する。「神の栄光」と「人類の福祉」はなおも確固として結びついているのである。

法律家であったA・F・ミュラーの場合、哲学のこのような宗教的役割を強調することはない。ミュラーは、自らの哲学概念を、部分的には明らかに師のリューディガーに反対しながら展開した（『哲学入門』第一巻、一七二八年、第二版一七三三年）。リューディガーは特定の教養だけを哲学と呼び、真の教養を知恵の一部とみなすのに対して、ミュラーはまず知恵と教養に言及し、次いで哲学を両者の一部として展開、あるいはむしろ限定する。知恵とは、自らと他の人々の幸福を促進するため、是が非でも必要というわけではないにしても、いわば最も普遍的で「教養ある」技倆である。それは本質的に実践的であり、「理性的で徳のある賢明な生活を常時築き上げること」（六頁）である。そのために教養は、徹底的な「鋭利で」「巧みな」独特の考察を通じて理論的基盤を提供する。教養とは、「直接に見聞きはできずに、巧みな考察を通して探求されるような、人間生活の便のために必要な真理を、鋭利にその根底から認識することによって、人間のあいだでの真なる知恵を促進し、したがって真なる幸福へと到達する——そうした技倆の完成である」（二五頁。六頁参照）。これに対して哲学とは、「一般教養」から神学・法学・医学を差し引いた部分的教養である（七頁。三頁以下参照）。そのため、ミュラーは哲学の積極的な定義を断念する。そして大学の諸学部の序列を批判しながらも、既存の学術組織に依拠するのである。しかし内容の点では、ミュラーにとって哲学は、実践に奉仕するための練り上げられた批判的考察である。ミュラーの考える哲学は、師リューディガーと同じく、普遍的な幸福を目指す「普遍的教養」であり、本質的で科学的な（鋭利で巧みな）考察である。こうした普遍的幸福は、善の認識や、善への方向づけ、そして善の享受において成立する。敬虔主義者という「弱気で無気力な人びと」にはっきりと対抗して、ミュラーは「獲得された善を優雅に喜びをもって感受し愉しむことのできる」人間の権利を強調する。ミュラーは、感覚を尊重しながらも、「道徳的悟性」において「良き趣味」を要請するのである（一七頁以下。一三頁以下参照）。

ミュラーとヴァルヒが、リューディガーを受け継いで、とりわけ哲学の批判的性格を強調したのに対して、ブッデの周辺では、哲学の学問性を主張するヴォルフの出現に先だって、単に実践的であるだけでなく実用主義的でもある哲学の性格が強調された。このような方向は、生き生きとした認識の道徳実践上の効果を重視したブッデの路線につながるが、実践的に可能で必要なものに制限することで、その根底にある宗教的意図からは離れることができた。たとえばブッデの弟子のムージヒ（『知恵の光』一七〇九年）は、師の学説の要諦をドイツ語で普及させることのみを目的とすると言いながら、ブッデとはまったく異なり、哲学を到達可能な目的（と彼が考えるところ）に即して定義している。ムージヒにとって教養とは、「理性によって示される限りでの神的意志の考察を通じて、われわれが自身の幸福をいかに考察できるか、そうしたことを見究める支えとなる有用で必要な事柄の認識」（七頁）である。こうした教養の柱は、神学・医学・法学である。これに対して哲学は、ただの補助的学問であり、「必要で有用な手引き」（一三頁）とされる。しかしその最終目的は、他の教養と同じく、「神の栄光、および人間の至福を促進すること」（三七頁）である。哲学の実存的意義を強調し、その対象を必要で有用なものと特徴づけることで、（ヴォルフの普遍的学問、万能の学の要請への反撥として）いわゆる「主要な真理」ないし「本質的に必要なもの」への限定が急速に進むことになる。(4)

レーマンもまた、とりわけブッデを継承しながら、『理性論』（一七二三年）では、神によって設定された教養の最終目的から説き起こしている。「理性論」は神の栄光と人間の幸福、しかも現世の幸福と永遠の幸福の両方に奉仕すべきである。さらにレーマンは、力点の置きどころを変えて、哲学とは、魂の完成、とりわけ悟性と意志の改善に役立つような、必要にして有益な認識であるとも付け加えている。そこでレーマンは、哲学にやや混みいった定義を与えている。すなわち哲学とは、「魂の完成、とりわけ悟性の完成である。それは、被造物と創造者に関する、真にして根本的で生き生きとした認識、およびそこから生じる諸々の責務を本質とし、さらに将来の改良や、そのために必要な道具や補助手段を含む。それらすべてがわれわれにとって、主たる永遠の幸福と並んで、神による現世的幸福を保持するものとわれわれがみなすものを、認識し実行するために必要で有益であり、さらには、特別な啓示にはよらない事柄それ自体の考察から導出されなければならない。こうしてわれわれは徳のある生を営み、神により定められた幸福に達したうえでそれを保持し、さらに時にはそのような認識によって他の人々に奉仕する道を見出すのであり、最終的には、神の栄光がいよいよ高められるのである」（二七頁以下）。

トマージウス派の哲学理解を示すこの記述の最後の一節を見ると、リューディガーの弟子であるホフマンと、その弟子クルジウスに近いことがわかるだろう。この両者はすでに、ヴォルフの登場によって規定された新しい世代に属している。彼らは、ブッデやリューディガーのように、ヴォルフとの対決にあとから加わったのではなく、その渦中に育った者たちである。ヴォルフとの対決を通じて、彼らの哲学概念は、主観的な知的能力の必要性から出発しながらも、可能性の学としての哲学というヴォルフの規定に対抗して、対象の現実性を強調するようになった。こうして哲学の定義からは、幸福といったものは姿を消した。つまり哲学はもはや目的論的に定義されるのではなく、「主観的」ではなく「客観的」

になったのである。

ホフマン（『理性論』）にとって、哲学はいわゆる「判断の学」の中核をなすのであり、単なる「記憶の学」（二五頁以下、二〇頁以下参照）ではない。哲学はまた、万人の関心事というわけでもない。それは一般の常識を超え、鋭い知的能力を必要とする。哲学は、大衆の諸々の意見に対する批判的で透徹した洞察であり、プラトンがすでにそうしていたように、真なる存在者を目指す。ホフマンはヴォルフとは対照的に、哲学とは可能性にではなく、現実に関わる学であると強調する。ホフマンにとって、哲学は「隠れた真理に対する自然的認識である。つまり、人間の作為には関わりなく、自然にはけっして完全に消滅しないような、それ自身の内から根拠づけられているような事物に関して、その本性と存在とを、哲学は扱うのである」（一三頁）。哲学の対象は、永遠で人間に依存しない事物の存在と本質であり、したがっていわゆる普遍的本性と普遍的性質である。こうしてホフマンは現実性を哲学の対象として強調するため、可能な事物すべてを扱う学問というヴォルフの理念からは離れていく。そしてホフマンはこのような現実性を、人間には依存しないものと捉え、人間とは無縁で操作不可能と考える（古代の宇宙《コスモス》や自然《ピュシス》に近い）。ホフマンにとっての哲学とは、（いわば中世的・スコラ学的な）本性や普遍的本性に向けられているため、その最終的な狙いという点では、ふたたびヴォルフの言う可能性の学問、つまりその本質可能性の考察に接近する。またホフマンは同時に、哲学の対象を、事物の特性とも呼んでいる。この点で彼は明らかに、「量の認識」と「質の認識」というリューディガーの区別を継承している。しかしリューディガーが、量の認識を広い意味での哲学に含めていたのに対して、ホフマンは哲学を、事物の性質についての認識に限定する。ホフマンにとって哲学と数学は、すでに方法論の面で異なっているのである。こうした点を見ても、ヴォルフとの相違がふたたびはっきりしてくる。

クルジウスは、師であるホフマンのこうした手がかりをさらに一貫して追い続けた（『人間の認識の確実性と信頼性への道』一七四七年）。哲学とは、「その対象が不断に存続するような理性真理に関係する認識の総体」（三頁）であると言われる。ここで理性真理と言われるのは、「事実の真理」と区別された「理性の真理」〔歴史的事実などと区別される論理学・数学などの真理。ライプニッツによる区別〕というだけでなく、純粋な理性から得られる認識である。理性の真理は事実に関わることもあるが、その場合の事実とは、永遠で、この世界の中で消滅することのない事実を指し、クルジウスによれば、本質と世界の実質がこれに含まれる。理性の真理の認識は当然ながら根拠に関わるものでなければならないが、かといって哲学は常にただそのような根拠だけを問題にするわけではない。たとえば神を問題にする場合、単に神が存在するか否かだけを問うこともある。そのために、単なる事実の認識と、根拠に関わる哲学的な認識という、ヴォルフの思想の中心にあった区別が、ここではさして重要ではなくなる。いつのまにか、証明の代わりに、純然たる記述が重視されるようになったのである。哲学は結局、存在するものだけを語るよう制限されなければならない。

トマージウスは、哲学を目的論に即して定義した。彼によれば哲学とは、ある目的をもつ人間の活動なのだから、哲学は哲学を実行する主体から出発する。トマージウスにとっての哲学は、すでにソクラテスも考えたように、真なる幸福の探求であるが、キリスト教的な前提に立つとはいえ、啓示神学とは区別され、現世の幸福をことさらに追求することとみなされた。したがって哲学が何よりも目標とするのは、（道徳的）善の認識であり、しかも生き生きとして真正で実効ある認識であった。トマージウスの弟子や支持者は、このような哲学理解に従い、部分的には表現にいたるまで、トマージウスを踏まえている。第一ないし第二の定義（「神的および人間的事物の認識」、「真理と善の認識」）が受け容れられることもあれば、最終的な規定（「善の生き生きとした認識」）が、「必要にして有用なものの認識」という具合に先鋭化されることもあった。トマージウスの弟子や支持者は、主観的で実践に関わるトマージウスの基本路線を取り入れ、部分的には目的論的な基礎づけさえも行い、トマージウスの哲学理解を継承していた。しかしながら彼らは、それ以上の規定をさらに加えていく必要も感じていた。そこで、哲学の目的に関してはより古い規定に立ち戻り、哲学の対象に関しては新たな規定を行ったのである。そして哲学をふたたび永遠の幸福ないし神の栄光を目指すものと理解し、トマージウスが当初ほぼ完全に除外した宗教を再度哲学に取り入れようともした。哲学の対象を正確に示す努力もなされた。まずは、哲学を才知や判断力として理解することから始めて、数学的に厳密な可能性の学と捉えるヴォルフの見解に対抗するかたちで哲学が理解されたのである。結果としては、基本的に主観的で実践的な哲学概念を、客観的で学問的な定義にまで高めた。それは、隠れた性質や恒常的な本質について語るかどうかはともかく、きわめて平凡で古風な印象を与えるものであった。

(二) 究極的知識

一七二〇年頃にクリスティアン・ヴォルフは影響を拡げ始めた。ヴォルフによって、トマージウス主義には無縁であった新たな数学的精神が、哲学に導入される。いまや哲学は自然科学との類比で理解され、第一義的には「原因を通じて知ること」と捉えられた。新たな自然科学の影響の下で、哲学の方法論化や数学化、そして従来よりも厳密に定義された学問概念が、「科学」と理解された哲学にも適用されるようになった。いずれにせよヴォルフは、彼以前の近代の形而上学者たちと同様に、単に仮説的な知識ではなく、究極的な根拠づけの成果でもあり基盤でもある原理的知識を求め、全体知・根源知としての哲学、そして体系としての学問を希求した。哲学は、必然的で理論的な確実性を保証すべきであり、最終的には科学にならなければならない。つまり、客観的には認識された真理の総体となり、主観的には明証的原理を証明する技術となるべきなのである。ヴォルフはこのような哲学理解を、ラテン語の論理学的著作(『合理的哲学、あるいは論理学』一七二八年、第三版一七四〇年)の「序説」において二重の観点から展開している。多様な認識についての理論の観点と、可能性の学という哲学の定義の観点である。彼はまず認識を三種ないし三段階に区別する。単なる事実認識である「歴史的認識」、量の規定である「数学的認識」、根拠の学ないし原因の学としての「哲学的認識」である。こうした区別そのものは古くからあるが、認識を三種ないし三階層の体系に組み立てる点は斬新であった。第一の認識はすべての認識の基盤をなし、第二の認識はその正確さを保証する。しかし真にして最高の認識は、事物の原因ないし原理に向かう第三の哲学的認識である。哲学は、批判的で「鋭敏」であり「判別力ある」だけにとどまらず、言葉の最も正確な意味で「根本的」である。哲学においては、(より高次で深遠な哲学的認識に役立つ常識という意味での)一般的認識を斥けることなく、むしろそれを積極的に(経験、および事実の確定という意味での)歴史的認識と捉え、そこから哲学的認識を打ち建てようとする。原因ないし原理の認識としての哲学という、同様に古くからある(アリストテレス的な)規定を、ヴォルフはさらに厳密化し、哲学は可能なものすべてについての認識であるとする。こうした哲学の規定は、哲学の認識対象を具体的に示していないため、何も語っていないように見えるが、ヴォルフはこの規定を通じて、普遍的な認識を哲学の課題とみなし、論理的・存在論的に可能である限り、哲学は合理的に認識可能なものを対象とすると示したことになる。より正確に言うなら、哲学においては、可能な事物そのものが、存在しえて可能であるときに限り問題になるのである。「哲学とは、存在可能である限りでの可能なものの学である」（一三頁）。この場合、可能な事物の可能性とは、無矛盾で思考可能であり、根拠となるという意味での可能化として説明される。しかしながら結局のところヴォルフにとっては、事物の本質可能性、すなわち可能である限りでの存在者と、可能なものそれ自体が問題なのである。こうして、論理的な可能性への問いを基盤にする、「可能なものの学」という哲学の規定は、経験的な原因の学から始まって、超越論的な学問にまで及ぶ。最終的には、すべての存在するもの、存在しないもの一般の可能根拠が問題となり、根本においては「可能なものの原理」としての神が問われる。普遍学としての哲学は、基盤の学とならなければならないし、つまるところ哲学は絶対知を志向する。しかし哲学が厳密で究極的な知であるなら、元来は一なる哲学——内容的に真理で一なる哲学——が存在するが、それを有するのはひとり神のみということにならざるをえない。そのため『自然神学』（一七三六年、第二版一七四一年）では次のように述べられている。「神は絶対的な意味で最高の哲学者である」（二六八節）。人間にとっては、こうした神的な知恵にどれほど参与できるかという点が肝心なのである。より多くの（原理的な）知を有すれば、それだけ多く哲学を獲得できる。もちろんヴォルフも、このような知識——しかも確実で包括的な知識——を通じて幸福に到達しようと望み、限界はあるにしても、それが可能であると考えている。しかし哲学に対するヴォルフの考察においては、おそらくトマージウス主義に反対する意図で、哲学の客観的定義と主観的定義という区別が強調されている。ヴォルフは哲学を、第一義的には客観的ないし体系的学科、すなわち客観を扱う学問と定義しているのである。

周知のように、ヴォルフは当時比類のない影響を与えた。ヴォルフは哲学――何よりも彼自身の哲学――をドイツにおいて堂々たる権威まで押し上げ、生活全般に浸透させた。十八世紀半ばまでには、ドイツの大学は次々とヴォルフの後継者と支持者に席巻されていった。もっとも「ヴォルフ主義」という概念は、狭い意味にも広い意味にも理解することができる。学説を厳密に遵守するヴォルフ学派と、緩やかで自立的なヴォルフ学派とに分けられるのである。狭義のヴォルフ学派とは、主要理論をヴォルフから受け継ぐだけでなく、「数学的」な学問理解、つまり数学的に厳密で、数学を範とした方法論を有する普遍的基礎学というヴォルフの要求にも従う哲学者たちである。その限りでは、いわゆるヴォルフ主義者たちは自らの哲学理解を反省的に捉えており、哲学概念は、哲学に関するそれぞれの根本的動機にとって少なからず重要な試金石となっている。そこで、ヴォルフの方法論上の綱領がその支持者や後継者においてどのような役割を果たしているかだけでなく、認識の種別に関する理論や、絶対的な次元を志向する可能性の学という目標がどの程度受け容れられているかを考察しなければならない。そうすると、当時の第一線の大学教師には、厳密な意味でのヴォルフ主義者は、一見するほど多くはなかったことが明らかになる。言い方を変えれば、なるほどヴォルフが哲学に対して新たな自覚を与えたことは疑いないが、その狭義の哲学概念は、かならずしも多くの支持者を得たわけではないのである。彼の最初期の弟子たち（テュミヒやビルフィンガー〔Georg Bernhard Bilfinger 一六九三―一七五〇年〕）[5]は、狭義の哲学理解にとって重要な著作をヴォルフによるラテン語の論理学書以前に公刊しているためひとまず除外すると、注目に値するのは、フロベジウス（Johann Nicolaus Frobesius; Frobes 一七〇一―一七五六年）とロイシュ（Johann Peter Reusch 一六九一―一七五八年）、そして何よりもバウマイスター（Friedrich Christian Baumeister 一七〇九―一七八五年）である。哲学概念に関する彼らの本質的な発言は、一七三〇年代になされている。彼らは、認識の種類に関する理論は比較的素直に受け容れたが、可能なものの学というヴォルフによる哲学の定義にはすでに違和感を覚えていた。

ヘルムシュテットのヨハン・ニコラウス・フロベジウスは、百科全書あるいは汎知学という伝統的な観点から哲学の概括的な記述を行い（『体系的汎知学、または百科全書の叙述』一七三四年）、ヴォルフ哲学に貢献している。同書でフロベジウスは、最初に「学識ないし知恵」の項を立て、それを歴史・哲学・文献学に分割している。事物とその根拠に関する論証的認識である「哲学的認識（学知）」に立ち入ったのち、ヴォルフと同様に、哲学を可能性の学と規定している。つまり哲学は、すべての可能な事物について、どの程度可能で、なぜ可能なのかを論じる学、「どれほど可能であり、なぜ可能であるかに関する、可能なものの学、あるいは、実在もしくは実在可能なものの学と言ってよかろう」（一四頁。八頁参照）。またフロベジウスは、ヴォルフの体系を概括しながら（『ヴォルフの哲学体系の叙述』一七三四年）、三種の手がかりによるヴォルフのさまざまな定義を要約して、ヴォルフと似通った定義を行っている。つまり哲学とは、「可能なことが、どの範囲まで、そしてなぜ可能であるのか、あるいは、もし（そう語ることを）欲するのであれば、実在するもの、実在可能なもの、つまり真なるものがどの範囲まで、そしてなぜ真なのかに関する学問」（五頁）としている。この定義は、最後の段階で再び伝統的な模範に立ち返り、最終的にはアリストテレスに戻っている。哲学とは、真理について、どの程度真であり、なぜ真なのかを論じる存在論、もしくは根拠や原因の学なのである。

イェーナのヨハン・ペーター・ロイシュも、究極根拠の認識という同様の哲学理解に従っている。その『体系的論理学』（一七三四年、第二版一七四一年）では、ブッデによって確立され、イェーナでは一般的となっていた折衷主義にならい、古代の規則を近代の規則と結びつけようとする。そこでロイシュは、「認識の段階」を究明するという大枠において、哲学的認識を客観的に定義して、理性的根拠や原理に「導かれた」、存在するものや生起するものの原因についての認識と規定している（二七頁）。主観的には哲学は、そのような認識にいたるための技倆を指す。哲学者は、諸々の事柄がなぜそうありうるのかの根拠を認識できる。それらの事柄は当然ながら、真なる認識の対象を考えても矛盾が生じないがゆえに成立可能なのである。これは、「存在可能である限りでの、可能なものの学」と哲学を規定したヴォルフの定義につながっている。なぜなら、学問の概念は論証の概念を含んでおり、論証とは、事物や現象の疑いえない根拠を提示しうることを意味しているからである（三〇頁。一二三頁以下参照）。そこで可能性は、一方では無矛盾性や思考可能性として、他方では充足理由や実現可能性（可能にすること）と解釈され、それとともに、ヴォルフの哲学の定義は、すでに力を失っていたとはいえ、擁護され、救い出された。

フリードリヒ・クリスティアン・バウマイスターは、ヴォルフ哲学の唱導者のなかでは最も成功した思想家である。イェーナとヴィッテンベルクで学んだのち、ゲルリッツ・ギュムナジウムの学長となった人物だが、彼にしても、ヴォルフによる哲学の定義を受け容れる際には、一定の留保をつけているように見える。一七三五年の『哲学の規定』（一七七五年）は、ヴォルフの定義を、回りくどい論証的な語り口を避けながらも、おおむね言葉通りに要約した著作である。第一部では「哲学的認識」を「諸原因の認識」、および「存在するもの、あるいは存在したものに関する根拠の認識」とし、哲学を「どの程度存在可能であり、なぜいかにして可能であるのかという点に関する、可能なものの学」と定義している（一頁以下参照）。和解と擁護を目指したこの規定の説明において、事実上、可能性は因果性にふたたび置き換えられている。バウマイスターによれば、哲学とは、存在するものがなぜそのような仕方で存在し、他のようではないのか、すなわち、それはいかにして可能になったのかという根拠の認識である。それゆえ哲学はまた、「諸事象の充足理由律の学」とも呼ばれ、哲学者は「存在するか、存在可能であるものの根拠を説明できる者」と定義されうる（三頁。一三七頁以下参照）。このような説明では不十分なら、哲学を神的事象・人間的事象の認識として理解したキケロの見解を参照すればよい。ヴォルフは、このキケロの哲学の定義ときわめて良く調和している。「神的事象」と「人間的事象」とは、「可能的事象」にほかならないからである。バウマイスターによる説明においては、学説の調和を目的として、イエーナのブッデ周辺で流布していたキリスト教的＝ストア学派的な哲学の定義が意図的に継承されている。

同時期に「ヴォルフの方法にのっとって」執筆した『理性的哲学綱要』（一七三五年、第五版一七四一年）において、バウマイスターはふたたび、歴史的認識・数学的認識・哲学的認識の区別から始めて、「哲学的認識」を「原因ないし根拠の認識」、あるいはより厳密に「充足理由の認識」と定義している。(6)さらにバウマイスターは、哲学のあいだの区別を論じるために、主観的意味と客観的意味とに遡っているが、その際には、可能性の学問というヴォルフの主張に触れずに、ゲッティンゲンの折衷主義者ザムエル・クリスティアン・ホルマン（Samuel Christian Hollmann 一六九六―一七八七年）に依拠している。主観的・個人的性向の点では、哲学とは、「諸事象と諸真理の充足理由と原因を探求し洞察する」能力（一三頁）である。他方、客観的・体系的に考察するなら、哲学とは、理性のみによって幸福を認識し実現するための学問ないし教えである。「われわれは、ホルマンと同じく、客観的・体系的に考察された哲学を、理性のみによって認識された学識や知識と定義する。それは、問題となる各々の場面において、幸福を達成するために知られるべき、あるいはなされるべきことを人間にはっきりと示すものである」（一二頁。二頁参照）。こうした幸福論的・目的論的定義では（とりわけバウマイスターにおいて）、すでにヴォルフの方向は暗黙のうちに乗り越えられているものの、なおも旧来の伝統が浸透しているのは明らかである。

ヴォルフ直系の後継者は傑出した哲学者ではなく、ヴォルフの影響を受けた表現を繰り返しているが、その彼らでさえも、ヴォルフによる哲学の定義に飽き足らなさを感じ、その最終的な狙いを十分に理解していなかったのは明らかである。そのためヴォルフの定義は、哲学的な思考を欠いた単なる模倣を免れた。それよりもむしろ興味深いのは、ヴォルフ哲学の影響を被りながらも内容的にはそこから離れ始め、自立的に新たな思考の道を模索した哲学者たちである。そのような独立したヴォルフ学派としては、カントの師であるクヌッツェン（Martin Knutzen 一七一三―一七五一年）や、カントが自身の講義でその著作を用いていたバウムガルテン（Alexander Gottlieb Baumgarten 一七一四―一七六二年）が挙げられる。彼らが著作活動を始めたときには、哲学の対象、および数学的路線を進むヴォルフの理解には、ヴォルフ学派もすでに疑念をもつようになっていた。いわゆる数学的認識一般が、狭義の学問的認識、すなわち根源からの認識と言えるのか、またそれは本当に歴史的認識に属したり、ある部分は歴史的認識、またある部分は哲学的認識に属すというようなことはないのかという疑問が提起された。ヴォルフが区分した認識の三段階はふたたび、歴史的（通俗的）認識と哲学的（専門的）認識の古典的な二区分へ戻される。(7)

名前を挙げた二人のうち、クヌッツェンのほうが――トマージウス主義の影響が顕著であるとはいえ――ヴォルフに近かったことは間違いない。彼のラテン語の著作（『合理的・論理的哲学概要』一七四七年）では、いまだ数学的・幾何学的方法が用いられている。それというのもクヌッツェンは、すでにA・F・ホフマンと同様に、哲学は数学での量の認識とは異なり、非ヴォルフ的ないし反ヴォルフ的に質の認識に尽きると示唆していたにもかかわらず（七、二二頁参照）、哲学は数学と方法を同じくすると確信していたからである。クヌッツェンにとって哲学とは、理性の手引きによって「事物の連鎖」を洞察し、疑いえない根本的真理から始まって、われわれの幸福にとって必要な諸々の真理を導き出すことであった。客観的に見て、哲学はさまざまな学問の一つとして、他の学問すべての基盤をそれ自身の内に含むため、「体系によって」、ないし「諸学の複合体によって」定義されうる。主観的に「認識の習慣によって」考えるなら、哲学は、事物の原因や根拠に向かう認識様式、最終的には一切の現実的なものと可能的なものの充足理由へと達するような認識様式によって成立する。哲学の素材となる対象としては、あらゆる可能な対象が挙げられるが、その形相的対象は、ただ原因のみ、あるいはむしろ、諸事物がなぜ生じ存在しうるかという根拠だけである。存在ないし生成しうるもの、ないしは存在し生成しうるものの根拠を考える学として、哲学は可能的なものの学でもある。「哲学とは、事物の原因、いやむしろ原因をめぐって考察する学であり、またはそれぞれの可能なものを、そのものとして、あるいはそれらが存在しうる限りで扱う学である」（四、五頁参照）。こうしてクヌッツェンは言葉のうえで、いま一度ヴォルフと密接に結びつく。哲学とは、根拠や原因の学として、「数学的な」可能性の学なのである。しかしながらクヌッツェンは事実上、哲学を根拠や原因の学とみなす定義に固執している。定義では明確にされてはいないが、クヌッツェンにとって哲学の究極目的は、神の栄光、そして自身と他者の至福である（二二三頁参照）。

クヌッツェンと異なり、バウムガルテンは、ヴォルフ学派の最も著名で多産な思想家ではあるが、まさに哲学概念の点で、一貫してヴォルフを斥けている。バウムガルテンは学問および哲学を、いまだ厳密な演繹として理解しているにせよ、哲学の数学化は避けようとする。ヴォルフ論理学に関する講義を元として、ようやく一七六一年に公刊された『論理学講義』で、バウムガルテンはクヌッツェンにもまして、トマージウス派が擁護し改良した量の認識と質の認識の区別に依拠しながら、哲学を事物の性質についての認識と定義する。しかもバウムガルテンは、その認識が単なる理性にもとづくという点をあらためて強調している。「哲学とは、諸事物において、信仰なしに認識されるべき諸々の質についての学問である」（一頁）。しかしながら、クヌッツェンではまだ漠然と結びついていた可能性の学としての哲学という定義が、すでにここでは言及されずに無視されている。そこで、一七七〇年に刊行された遺著『一般哲学』でバウムガルテンは、ヴォルフの哲学概念を単なる無知と新しがりの悪例としてきっぱりと斥けている。「クリスティアン・ヴォルフには、可能である限りの可能なものの学が帰せられているが、彼は歴史に無知なものにありがちな、新奇なものを求める先入見を広める好例となっている」（一一頁）。

ヴォルフ主義には、ヴォルフの哲学概念を限定的に扱おうという二つの傾向が明らかに存在する。しかし両派は互いに収斂し合うものであり、おそらくもともとはひとつに結びついていた。一方は対象から出発し、他方は方法から出発しているが、ともにヴォルフに依拠している。第一に、ヴォルフが哲学を単に可能性の学としてだけでなく、原因と原理の学として理解している点、第二にヴォルフが最終的には数学的方法を論理的な厳密性あるいは演繹と同一視している点はどちらも認めているのである。その後は、数学を模範とみなし、可能性を哲学の対象とする傾向はますます弱まり、結局のところは哲学の対象と方法を定めたヴォルフの規定は斥けられるにいたる。哲学を諸性質の認識とみなし、それに応じて数学を量の認識に限定するのは、まさにヴォルフ主義内部での反ヴォルフ的要素であった。ヴォルフの基本構想からのこうした離反は、折衷的ヴォルフ学派でさらに推し進められる。

（三）　折衷主義と通俗哲学

一見すると、ヴォルフ哲学は十八世紀の半ば以降にも、ドイツを思想的に席捲した勢力のようにも見えるが、より仔細に検討すると、哲学史が陥りがちな単純な図式から予想されるよりもはるかに大きな多様性が認められる。ヴォルフ主義と並んで、トマージウス主義と経験主義にもとづく反ヴォルフ主義が存在していただけではない。ヴォルフ主義そのものでさえ、おおよそ一枚岩ではなかったのである。忠実なヴォルフ主義者でさえ、間もなく、まさに哲学の把握の仕方そのものに関して、ヴォルフ本人とは異なった自己理解を展開した。一方で彼らは、すでに暗示したように、可能性の学としての哲学の理念を、数学的手法に拠らない根本学（原因と原理の学）という旧来のアリストテレス的な理念へと還元しようと試みている。その一方で彼らは、ヴォルフの規定を、たとえばストア学派的・キケロ的定義や、幸福という目的にもとづく――とりわけトマージウス主義において好まれた――哲学の機能的な定義と結びつけ、場合によってはその定義を前面に押し出そうとしていた。したがって、個別にはすでに一七三〇年代に始まっていたが、全体として見るなら、十八世紀半ば以降の哲学に新たな折衷主義へ向かう強力な流れを認めることができる。いずれにしても、いまやアリストテレスかデカルトかといった二者択一の克服が問題なのではなく、トマージウス主義とヴォルフ主義とを仲介しなければならなかった。その際に、ヴォルフ哲学は疑いもなく一般的な出発点であり基盤であった。それに加えて国外の哲学の影響も強まってきた。フランス哲学が特にベルリンとプロイセン学士院を通じて、イギリス哲学は主にハンブルク、ハノーファー、ゲッティンゲンを通じて、影響を強めていた。こうして、さまざまな新たな問題との混淆が生じることにもなったのである。

十八世紀半ば以降に起こったヴォルフ主義の解体は、内容的な側面と同時に形式的な側面をもっている。新たに模索された形式は、内容的に新しい自己理解の現れでもあった。普遍的・基礎的哲学の構築というヴォルフの要求が、ますます大部になっていく体系的教科書というかたちで実現されていったのはなかば当然であった。これらの教科書は、思考と生のあらゆる領域を、論理的な結びつきの下につなぎ止めようとした。煩瑣で冗慢な教科書哲学は、見る見るうちに飽きられていっただけでなく、すべてを理解しているかのような尊大さゆえにおのずと信頼を失っていったのである。そこで、重苦しいうえにラテン語で書かれたこれらの教科書哲学と並んで、あるときにはその代わりに、新たな要求に応え、部分的には異なった（反原理主義的というよりは懐疑主義的な）確信にもとづく「洗練された」哲学の形態が早い時期から現れ始めた。これがいわゆる通俗哲学であり、一七八〇年代にいたるまで、哲学のあり様を思想的に決定していった。いずれにしても、「通俗哲学」（Popularphilosophie）という名称は、当時すでに、きわめて多様な一連の現象すべてを一括していた。たとえば、万人向けの哲学を模索し、当時すでにある種の限界にぶつかっていたトマージウスの初期の活動や、ヴォルフ哲学を素人にも理解できるよう要約して――ヴォルフの「教授法」にではなく、その真意に従って――普及させようとするさまざまな工夫、また新しい折衷主義の基盤に立って、哲学をはじめから明晰かつ単純に、可能な限り明快に叙述しようといったのちの多くの試みが、均しなみに「通俗哲学」の名を冠せられたのである。その内部でさらに細分化され、部分的には十八世紀末期まで継続して、やがてはカントなどの思想家が立ち向かうことになる一連の局面が、狭義の「通俗哲学」と呼ばれるようになる。

いまだ先行研究の少ない、ヴォルフ学派以後カント以前の時代に関しては、哲学の基本的傾向を概括するだけでもむずかしい。ここでは哲学概念に注目しながら、大局的な傾向とその大枠に即して、いくつかの主要な立場を記述することに限定したい。それにはまずはトマージウス主義の影響下にあった二人の哲学者、ホルマンとツィマーマン（Johann Liborius Zimmermann 一七〇二―一七三四年）、次いでヴォルフの影響下にあった二人の哲学者、ゴットシェット（Johann Christoph Gottsched 一七〇〇―一七六六年）とアールヴァルト（Peter Ahlwardt 一七一〇―一七九一年）を引き合いに出すのがよいだろう。なるほど彼らはそれぞれ異なった哲学を展開したが、その哲学理解は驚くほど接近している。この点からも、新たな折衷主義が、すでにヴォルフの全盛期に始まっていたことがわかるのである。

ザムエル・クリスティアン・ホルマンは、はじめはヴィッテンベルク大学の教授であったが、一七三七年にゲッティンゲンの新設大学で最初の教授となり、その地で一七八四年まで教鞭を執った。元々は伝統的な形而上学に共感をもっていたが、のちには近代的な自然科学へと転じた人物である。その『哲学教程』(一七二七年)は、いまだ初期啓蒙主義と同様に、明確に折衷主義を表明しており、哲学の定義も、トマージウスの『宮廷哲学入門』とブッデの『哲学の基礎的教程』を継承している。ホルマンの理解に従えば、哲学とは神的・人間的事象に関わる学問であり、正しい理性の導きの下で成立し、人間の至福を達成し促進するに当たってさまざまな上級学問の助けとなるものである。哲学は、「神的な事柄と人間的な事柄についての学問であり、正しい理性の指導によって、獲得され、到達されるべきものに関わる上級の能力と同等であり、人間の真なる幸福におけるより上級の能力に最も有益である学問」(七頁)であると言われる。このようにホルマンはなおも、実践に関わる主要な諸学の補助学という意味合いを強く籠めて哲学を理解している。哲学を唯一の真なる学問とみなすヴォルフの自己理解は、ホルマンにとってはまったく異質と思われる。

イエーナのヨハン・リボリウス・ツィマーマン(『神・世界・人間の自然的認識』一七三〇年)は、ヴォルフ哲学と精力的に論争し、体系的方法と数学的方法を等置することを批判している(序、三一頁など)。ヴォルフ哲学に対する反撥は明確である。「哲学において、ただ可能である一切が認識されるべきだと言う必要はない。そうだとしたら、神と哲学者、あるいは世界知と全知は、ただ名称によってのみ区別されるにすぎなくなるだろう。さらに、可能なもの一切を知ることなどは、人間には不要であり、不可能でさえある。実際それほどに世界を知っている者は現存したためしがない。そのようなことがあれば、一切の学識と、可能な事象を何らかのかたちで扱う世界知とは、区別がつかないだろう」(六頁)。ツィマーマンはやはり、哲学の目的を宗教的な幸福と設定し、リューディガーが人間の目的に注目したのと同じように、人間の使命とそのために必要な認識を問題として、ふたたびキリスト教的＝ストア学派的な哲学の定義を展開している。人間の「究極目的」は自らの至福であり、それと結びついた神の崇敬である。「それに応じて世界知とは、事象そのものの観察にもとづいて、神の栄光と人間の至福のために必要にして有用な事柄を認識することである」(七、四頁参照)。哲学の目標に関わる幸福論的な定義が、ここで明確に目的論として示されている。いずれにしても、人間は完全な状態にはないため、世界知が神の定める目標に達することはありえない。「それゆえに、世界知によって人間が至福に到達できない理由は、世界知そのものではなく、人間の堕落の内にある」(一二頁)。理性は「曇らされて」しまっているため、「健全な哲学」による「悟性の涵養」は、「世界の再建」を実行するには十分ではない。要するに、人類は信仰と啓蒙の結合を必要としているのである。哲学は、人間の使命、つまりあらかじめ与えられた究極目的を実現する手助けとなる。ここでもまた、目的論は神学を基礎とし、神学は目的論の助けを必須としているのである。

折衷主義者のなかの「ヴォルフ主義者」もまた、哲学の対象ではなく、哲学する者の幸福という、哲学の目的をいっそう強調している。ヴォルフの影響を受けた新たな折衷主義は、一般読者への普及を目指したため、ドイツ語を用いる傾向が強かった。その最初の人物としては、ヨハン・クリストフ・ゴットシェットを挙げるのが妥当だろう。ゴットシェットは、いくらか迷ったあげくヴォルフ哲学を継承したものの、その後も哲学に関してまったく異なる見解を抱いた。ドイツ語によるゴットシェットの哲学入門（『全世界知の第一の諸根拠』一七三三年、第七版一七六二年）では、トマージウスの名はもはや挙げられておらず、ヴォルフとも袂を分かっている。しかもそれは、一般読者への普及という目的のためだけでなく、ライプニッツに遡り、さらに驚くべきことにアウグスティヌス（Augustinus 三五四―四三〇年）に連なる哲学の定義のためなのである。「世界知〔哲学〕と私が呼ぶのは、人間の至福――われわれの不完全性の程度に応じて、この世界でわれわれが達成し実現しうる限りでの至福――についての学問にほかならない」（二〇一頁以下）。同書では、人間の限界が強調され、ヴォルフの考える絶対知への反論がなされている。ゴットシェットにとっては、哲学は何よりも至福への到達という実践的目的に関わるものであった。幸福こそがまさに哲学の主要課題なのである。ゆえに哲学は、「まったく活動的で行為的な学問」（二〇二頁）であり、誰でもいつでも日常的に可能で、「われわれの悟性の啓蒙」（一〇三、一〇六頁参照）にもとづく。哲学とは世界知であり、世界の中の哲学にして、世界のための哲学なのである。

〔北ドイツの〕グライフスヴァルトで教鞭を執り、明らかにヴォルフとの関係を窺わせる標題（『人間悟性の能力にもとづく思考』一七四一年）を自らの論理学的著作に付したペーター・アールヴァルトは、やはり哲学をいまだ宗教的に定義している。哲学の目的は――古典的な表現によって示されるように――神の栄光と人間の幸福であるが、神の栄光こそが人間の究極目的であり、結果として人間の幸福が生じるとされる。哲学は学問、いや学問そのものである。アールヴァルトは、もはやヴォルフのように認識を三種ないし三段階に区別せずに、伝統に従って――今後もそれが一般的になるのだが――歴史的・一般的認識と学問的・哲学的な認識とを対置している。真の根拠の認識には量の認識も含まれ前提とされる以上、数学的認識も哲学的認識に属している。理性と判断力を必要とするこうした学問的認識は根本的であり、事象の根拠を「先行する概念にもとづいて」把握するものとされる。「それゆえ学問ないし哲学は事物の認識である。それは根本的であり、反省を要求する、……その学問は、一般的認識以上に、神の栄光と人間の幸福を高めるからである」（一四頁以下、五頁以下参照）。したがって哲学は人間を敬虔で善良なものとし、（リューディガーが言っていたのと同様に）日常的悟性よりも人間を改善する。哲学者自身は過ちなど犯さず、常に喜びに満たされて充足している。しかしそれはあくまでも哲学者としてなのであり、ごく普通の人間としてはその限りではない。つまり、事実上すべての人間が哲学者になれるわけではないし、哲学者といえども、純粋に哲学者としてだけ生きるわけでもない。しかしながら、分業が避けがたいため、「各人は根本的真理や重要な事柄を、自らの目前で徹底的に認識したいと望む」（一二頁）ようになる。あらゆる人間が少なくともある程度は学識を積み、哲学者になるのが最善の策になるだろう。そこでアールヴァルトは、トマージウスの先例と同様に、社会的分業そのものを問題にするのでなく、啓蒙と自力での思考がすべての人間にとって必要とみなすのである(8)。

出発点が違うにもかかわらず、ホルマンとツィマーマン、ゴットシェットとアールヴァルトとの一致は見紛いようがない。多かれ少なかれ宗教色があり、またあからさまに現世的目的を実現しようとする幸福主義が、哲学の定義にも浸透している。人間の幸福が何よりも強調されながら、部分的には神の栄光も重視される。しかしながら哲学の対象は、またもや大まかに、「事象」ないし「神的事象と人間的事象」——とりわけ、われわれに認識可能で、必要かつ有用な事物——と規定される。ここには明確に、新種の「実用主義《プラグマティズム》」が芽生えている。この「実用主義」では、単なる博識とは異なる人間の目的や人間の規範に対する省察、および本質的な事柄に対する認識が重要となる。啓蒙としての哲学は、後期啓蒙主義で語られるように、本質的な必要に対する正しい認識となる。全体として見るなら、こうした哲学概念の規定は、革新というよりは回顧に近いように思える。哲学の本来の内容の変化、および新たな折衷主義にもとづく新たなタイプの構築は、のちに——おそらくは一七五〇年代以降——ようやく成し遂げられた。ここでは、ライマールスとメンデルスゾーンに先立って、ダルイェスとエッシェンバハ（Johann Christian Eschenbach 一七一九—五九年）が重要な役割を演じたが、学問的たらんとする哲学の枠内に限られていた。しかし、ゲオルク・フリードリヒ・マイアーのような思想家たちは、むしろ世界のための新たな哲学に関心を寄せていた。

ヨアヒム・ゲオルク・ダルイェスは、イェーナで学び、やがてフランクフルト（オーデル河畔）に赴いた。ヴォルフ哲学の影響の下で哲学を始め、初期の論理学（『論理学教程』一七三七年）では、ヴォルフと密接に結びつき、全面的に数学的な方法を採用している。しかし、実践面に力点を置いたこの論理学的著作の序文では、トマージウス主義の精神に従って、自己省察の必要性が説かれ、論理学が自己省察の技術と理解されている。そこで、自己省察を強く自負していたダルイェスは、哲学概念の解明に着手するやただちに、ヴォルフの体系を乗り越えようとする。ダルイェスは、可能なものを無矛盾なものと定義するところから議論を始めている。可能なものが現実になるには、現実がそれと把握されるための根拠が何かしら加わらなくてはならない（第一節以下）。こうして、哲学を原因の認識として定義する方向が定められる。とりわけダルイェスは、同書ではいまだヴォルフにならって三種の認識を区別し、哲学的認識を事物の根拠の認識とみなしている。しかし、付言されるように、事物の根拠ないし原因は、事物や真理の連関にもとづいてのみ把握されうる（第一節以下）。こうして、哲学がただちに、可能なものないし可能な事物に関する（特別に）確実な学問と定義される。ただしここでは、現実性の根拠と、思考可能性として定義された可能性の根拠との明確な区別はなされない。「可能な〔事物〕についての学問が哲学と呼ばれる。……したがって、哲学では、事物の根拠が明示されなければならないし、……哲学は可能な事物について根拠を示さなければならない」（第二〇節）。さらに、（ヴォルフもそうであったが）哲学は、可能な事物のさまざまな種類に従って、個別の分野へと細分化されていく。その場合、存在論ないし基礎学のみが、「事物一般を通じて可能であるもの」を扱うと言われる（第二六節）。

ダルイェスはかなり早い段階で、ヴォルフの影響下から抜け出したように思える。ダルイェスの論理学的著作（『真理への道』一七五五年）の新版では、数学的方法を断念し、ラテン語を使う代わりに、より明快で教育的な教授法を採用しようとしている。なるほどダルイェスは、哲学を分類するのに、可能なものの種類を分類するやり方を踏襲してはいる。しかし哲学はいまや、第一義的には可能なものの学や原因の学ではなく、概念の学ないし本質の学とみなされる。そこでダルイェスは同書の「序文」において、初期啓蒙主義と同様に、一般教養を論じることから始め、その最上位に哲学的教養を置いている。われわれは哲学的教養の段階で、「事物の認識によって……真理の結合を」認識するとされるのである（第四節）。哲学の対象を規定する次の場面で、さまざまな分野への分類を基礎づけ、可能なものがふたたび注目され、可能なものである限り、それが第一哲学の対象とみなされる。「その対象は、可能なものであり、あるいは、そのようなものとしてさらなる規定が可能なものである。それは、可能なもの自体の認識によって、可能なものについての学問である第一哲学を形成する」（第六節）。しかしながらダルイェスは、この規定を事実上はさして顧慮せずに、哲学をまさにスコラ学的に、本性と質にもとづく事象の認識、ないしは本質に即した「アプリオリな」概念にもとづく事象の認識と規定する（二五頁以下参照）。同様に、ドイツ語改訂版（一七七六年）では、真の学者は諸々の真理を連関に即しながらその連関にもとづいて確実に認識するのであり、その確実性こそが哲学的と呼ばれるとされる。「その確実性は、事象の概念に根拠づけられる。なぜなら哲学することは、事象の特性をその概念にもとづいて認識することにほかならないからである」（四頁、五六頁参照）。ここでダルイェスは哲学を、経験に立脚する学問と理解しているように思える。とはいえ、ある事象の本質こそがそのものの特性を決定し、さらには可能にする以上、この方向を突きつめれば、可能性の学としての哲学へふたたび接近する。すなわち、哲学は「第一哲学として」、「可能なものを、それが可能である限り」扱い、多くの場合「より厳密な規定において考察される限りで可能なもの」（六頁）を主題とする。しかしながら、ヴォルフとのあいだに生じた新たな相違は明白である。そこでダルイェスは、ヴォルフ以前の思想家が行っていたように、認識概念を解明するに当たって、歴史的認識・哲学的認識・数学的認識の三分法に代わり、歴史的認識・哲学的認識という旧来の二分法を採るのである。ダルイェスの場合、すでに『真理への道』でもそうであったが、いわゆる数学的認識は、部分的には歴史的認識に、また部分的は概念によって事象の本質に向かう哲学的認識に属する。それと並んで、歴史的・哲学的認識という混合形態も現れる。これは、非哲学的学問が行う原因の認識として、哲学的認識に類似したものである。

可能性の原理を元に哲学を分類する点で、ダルイェスはすでにこの時代に孤立していたと言ってもよい。彼の弟子ヨハン・クリスティアン・エッシェンバハ（『論理学、あるいは思考の学』一七五六年）は、哲学を端的に根拠の学と理解していたが、「最も卓越した事象」の内的性質に関する学とも捉えている。

「哲学者が従事するのは、普通言われているように、人間に委ねられた純粋な理性によって認識される事象の考察である。哲学者は、事象をめぐって知覚されることが、いかにしてなぜ生じるのかの理由と根拠を探求し、自らの思考内容を、健全な悟性が把握する原則にもとづいて証明する。その際に哲学者は、理性のみで可能になる限り、自らの認識を改善し、自らの幸福を高めようとする」（五頁。一六頁参照）。こうした観点からエッシェンバハは、ヴォルフの定義は経験を基礎とする純然たる理性に限定されている旨を明確にしていないと批判する。それ以外では目新しい点はない。ヴォルフの『ドイツ形而上学』が引用され、「存在」と「可能」がヴォルフでは等置されていることが示されたうえで、「可能である限りでの可能なるものの学」という規定は、結局は「存在者である限りでの存在者の認識」という古い定義に帰着するとみなされる[9]（六頁参照）。エッシェンバハは、皮相な非難に対しては思弁的哲学を擁護するものの、彼にとって重要なのは、究極的な形而上学的真理よりは、実践的な生の哲学である。哲学者はまず第一に、自ら幸福になろうとするのであり、そこからただちに、哲学者には「人間社会の有用な一員」となる義務があると自覚される。したがって哲学の認識とは、社会の「良識ある、勤勉で沈着かつ豊かな一員」を形成するといった性格をもつ（一七頁参照）。この表現では、きわめて素朴で市民的な幸福主義が哲学の自己規定に浸透している。

十八世紀の中頃には、大学の哲学は、（内容的には幅があるが、歴史的には狭義の意味の）通俗哲学へと接近する。それは一方では、講壇哲学、とりわけヴォルフ主義をあとから通俗化していく試みであり、他方では、始めから（形而上学的な原理への問いや方法論的な煩瑣な議論を回避して）明快かつ単純に考えようとする試みである。こうした哲学は、ヴォルフ哲学の影響を強く受けながらも、ヴォルフ哲学が要求する絶対性を無視して単純化し、学問を日常生活に近づけようとしている。こうした努力はすぐさまふたたび実践的な意味合いをもつものとなった。ここから内容的には新たな折衷主義が生まれ、形式的にはある種の流行への迎合、とりわけ平板なわかりやすさへの堕落が起こる。純粋に教育的な意図と新たな哲学的な意図とが、そこではまだ不可分に結びついているのである。通俗哲学は、健全な理性の哲学になろうとしており、明らかに反講壇的で、反ヴォルフ的な含みをもっていた。健全な理性は、常に正しい理性でもあるのだが、それはアプリオリな原理の能力の意味での「正しい理性」というよりは、堕落していない判断力という意味での「良識」であり、常識・通念であり、まさしく日常の理性なのである。日常の理性が目指す方向はさまざまだが、初期の最も有名な例としては、マイアー、ライマールス、メンデルスゾーンといった、いわば通俗哲学の形成期の世代が挙げられる。(10) この三人の思想家においては、ヴォルフからの離叛を通じて、ふたたび初期啓蒙主義の要素が現れた。いずれにしても、学問に力点を置くヴォルフ哲学は、どうしてもエリート主義的な要求をともなっていたため、通俗哲学を目指す彼ら三人にとっては――その体系の根本的特質や内容を継承はするものの――遠い存在となっていた。

ゲオルク・フリードリヒ・マイアー(『理性論』一七五二年、第二版一七六二年)は、哲学の定義という点で、師のバウムガルテン――自身はリューディガーやホフマンに近い――をしっかりと継承している。マイアーにとって哲学とは、「信仰抜きで認識される限りでの、事物の普遍的性質に関する学問」であり、ある程度ヴォルフにならって言われているように、「可能な事物の一般的な性質を扱うだけでなく、それを健全な理性の単純な原則から論じるもの」(一〇頁参照)であった。哲学の対象の普遍性を強調する点だけがヴォルフと異なるこうした定義は、事実上、世俗のための哲学の道を開き、哲学を「紳士淑女」にとってなじみやすくする役割を果たした。マイアーはまた、哲学において快適なものと有用なものが結びついているとみなそうともしている。

ザムエル・ライマールス（『理性論』一七五六年）は、認識を区別するヴォルフのやり方を受け容れてはいるものの、もっぱらの関心の的である健全な理性にもとづく自然な哲学を導入し、そこに認識の四つの「主要段階」を設ける。歴史的認識、自然な世界知（良識による哲学）、哲学的・学問的認識、数学的認識である。しかし実際はライマールスは、伝達が容易な講壇哲学に専念した。とりわけ、すべての可能な事物の認識を目指すという意図は消失している。哲学はもっぱら（理論的・実践的）「主要真理」、すなわち、幸福にとって重要で生活の上で肝要な真理のみに関わるとしたのである。したがって哲学とは、「人間を幸福にするような、考慮されるべき道徳的な主たる真理一切を扱う学問」（一三頁）である。なぜなら、哲学とは、すでにトマージウスが示していたように、健全な理性にもとづく善悪の認識である。なぜなら、常識哲学においても主張されるように、哲学とは「健全な理性にもとづいて、すべての命題の明晰な根拠と一貫した証明を与えるもの」（一四頁）だからである。こうした観点にもとづいて、ライマールスは、哲学を人間的事象と神的事象の考察としたキケロの言葉に添うだけでなく、哲学を可能性の学問としたヴォルフの定義にも従っている。「現代では、世界知（哲学）を、可能である限りでの可能なものの学と言ってよいとするならば、世界知においてはすべての存在とすべての認識の普遍的根拠が扱われ、当然のことながら、一切の神的事象と人間的事象、あるいは主要な積極的な真理が含まれる」（一四頁）。ライマールスの目的は、絶対的真理ではなく、生活に重要な主たる真理を認識することだけに置かれる。

ハンブルクのアカデミー・ギュムナジウムの教授であったライマールスが、平明さを心がけて教科書を著したのに対して、モーゼス・メンデルスゾーンはユダヤ人ゆえに、好むと好まざるとにかかわらず、独学の末フリーの文筆家の道を歩まざるをえなかったため、体系化の要請に従う必要はなかった。ヴォルフの影響を受けてはいたものの、メンデルゾーンの哲学理解はヴォルフとはまったく異なっていた。メンデルスゾーンもまずは哲学の学問性を認め、（いまだに哲学的な記号法が存在しない以上）あいかわらず哲学を数学と結びつける。しかしメンデルスゾーンは、リューディガーなどの先例にならって、量の認識である数学よりも、質の認識という点を強調して哲学を理解するため、哲学に数学のような意味での学問性を求める傾向を弱めている。そのため、一七六四年の『形而上学的学問における明証性について』においては、哲学に関していささか屈折した記述がなされている。「数学とは事物の量の学問であり、世界知〔哲学〕一般は事物の質についての学問である。世界知は学問が要求する事柄を遂行するものであるのを認めようとしない者も、事物に関する理性にもとづく認識であることは容認している」（二八六頁）。メンデルスゾーンはここで明らかに、哲学の学問性に多大の疑念を抱いている。しかも、そうした哲学を――少なくともここでは自らいまだ学問的な哲学を目指しているように装いながらも――正当なものと認めているのである。ここには哲学にとって危機的な状況が現れており、そこからカントの『純粋理性批判』が生まれることになった。

一七七〇年代に、ドイツ啓蒙主義の哲学はますます通俗哲学へと傾斜していく（それは良い方向に向かったとも、さらに悪くなったとも理解できる）。平明さが厳密さよりも重視され始め、当時の人々がすでに言っていたように、哲学は「浅く」なっていった。それに応じて、哲学とは本来どのようなものであるのかがふたたび不明確になった。メンデルスゾーンが示していたように、哲学は固有の学問性を失い、近代科学が要求する新たな学問性と張り合い、それでなくても不確かな精神的指導力がいよいよ危うくなった。近代科学と伝統的な宗教は、哲学の領分を新たに奪い合うことになる。こうして哲学の概念はますます明確な規定を失っていく。しかしながらこれに対抗して、学問的哲学を志向する傾向、つまり(ランベルトやプルーケに見られるように)哲学を学問として刷新する試みももちろん存在した。カントが着手した新たな動きもこうした文脈から理解することができるのである。

(四) 自己了解と自立

哲学の自己理解を問うには、哲学自身が表明する哲学概念を手がかりとするのがよいだろう。その哲学概念は、何と言っても(自立や自己決定の意味での)自己理解・自己規定の試みをはっきり示しているからである。しかしそのような自己定義は、さまざまな理由から慎重に理解されなければならない。表明されたある哲学概念が、哲学一般と自身の独自の哲学の規定にふさわしいか、あるいはせめてその自己理解に即しているかは、保証の限りではないからである。きわめて高度な反省を実行している哲学といえども、自身を十分に理解しているとは限らないし、その自己理解には、常に誤解の契機が含まれているのをまずは肝に銘ずるべきである。そして第二に、ある哲学の自己理解は、哲学の単純な定義の中では、あまりに簡潔な表現ゆえに誤解の惧れがあるため、適切か不適切かということとは別に、定義だけを見ても不十分だという点も押さえておかなければならない。いかなる哲学概念も、どれほど反省されていようとも、それ以上の反省を必要とする未反省ないし反省が不十分な契機を含み、またいかなる哲学の定義も、それが定義である以上、なおも説明を要する契機をかならず含んでいる。しかも定義の説明がさらに説明を必要とするといった具合に、無限に続いてしまうのである。哲学の定義は、定義する側の哲学と二重に分裂しており、いわば二重の意味で時間差がある。哲学の定義は、哲学的な反省をともなうメタレベルの反省であるため、それが表現しようとしている当の哲学と完全には一致しない。一方で、哲学の概念は自己反省の表現であるために哲学に遅れを取っており、また他方で、哲学の定義は既存の現実を凌駕する意図を表現しているために、現実の哲学に先んじてもいる。言葉を換えれば、哲学の概念には、反省的機能と綱領《プログラム》的機能があるのである。それゆえ哲学の定義は部分的に希望的観測をも含んでいる。哲学者は哲学者を定義することで、自らを理想の姿に思い描く。しかしながら、まさに語られたことの中に実際には語られていないことが潜んでいるために、哲学の定義は、哲学の理解に対してとりわけ多くの示唆を与えるのである。

いかなる哲学も、普遍的な反省的合理性として、多かれ少なかれ、必然的に哲学それ自身を反省するものである。啓蒙主義の哲学もまた自身を反省的に考察している。哲学とは何であるのかという規定も、哲学そのもの、あるいは哲学の「予備知識」に含まれるため、教科書の導入部、とりわけ論理学書の序論で扱われることが多い。自身の存立の正当性に疑問をもちかねないほど自らに批判の矛先を向けるような現代的な問題設定は、「新なる学問」としての哲学をようやく再発見したばかりの啓蒙主義には、いまだまったく無縁であった。後期啓蒙主義にいたって、自らに対する徹底した懐疑のかなり明瞭な痕跡がようやく見られるようになる。とはいえ啓蒙主義においては、哲学の本質に関する議論は、明らかに重要な意義をもっていた。そうした議論は、疑いもなく新たな自己主張の意欲の現れだからである。哲学には、いかなる地位、いかなる役割が帰せられるのか。哲学とは従属的な学問であるのか、主導的な学問であるのか。哲学は他の学問と同列の学問なのか、それとも中心的な学問なのか。そもそも哲学はどのような意味で学問と言えるのか、また学問と言えるとしたら、特に神学とはどのような関係にあるのか。この類の問いを議論する過程で、哲学の自己理解は、哲学が徐々に自立していくための手段とも表現ともなったのである。ここには、すでに示したように、さまざまな様相と傾向が見て取れ、当然のことながら、哲学的認識の対象やあり方、目的が議論の的となった。

哲学が普遍性を要求するということは、裏を返せば対象が特定できないということでもあるため、哲学の対象の規定は、どうしても困難にぶつかってしまう。啓蒙主義の初期段階では、哲学の対象は神的事象と人間的事象、およびそれらの原因であるという従来の表現が用いられてはいたが、その場合でも、そのような伝統的で基本的に観想的な観点は、（幸福と有用性、神の崇拝といった）目的次第で変えられた。哲学における実践的な方向づけは、大方の賛同を得たうえで、哲学の対象とは真なるものと善なるものであるといった形式的な表現によってさらに強調された。しかしその一方では、哲学をほとんど行為の手引きとしてのみ理解し、善の認識だけに限定する傾向のあるトマージウスの後期の試みなどは、その支持者によって十分に推し進められることはなかった。これに対して、哲学を可能な事物すべて、ないしすべての事物の根拠の学問とするヴォルフの規定とともに、より強い意味で理論的な関心が見られるようになった。もとよりヴォルフ自身は、哲学の実践的な目的も堅持してはいたのだが、新種の学問としての哲学は、自然科学と似た方向に向かうことになった。学問性を強調するこうした関心は、数学を模範として、哲学を「数学化」ないし「論理学化」する方向に向かい、その結果、激しい反撥をも惹き起こした。確かに、哲学が近代の数学的自然科学から離叛する動きは基本的にはヴォルフにおいてすでに始まっていたが、いまや決定的となった哲学と数学の（対象、方法両面での）分裂は、とりわけヴォルフの論敵たちによって推進された。数学的な量の認識と区別して、哲学を質の認識に固定する試みは、哲学の科学化という脅威に対する、いささか心許ない、しかし明確な解答ではあった。ヴォルフの論敵たちは同時に、哲学が現実性を失うことの危険を感知していた。すなわち、あらゆる可能な事物についての学問という意味での哲学は、（現実への配慮を欠く限り）単なる理念的構築物を考察するだけの自己完結的な学問になりかねないというのである。そのために彼らは哲学を現実に結びつけることを要求した。もとよりそれは、経験的学問が扱う流動的現象ではなく、（古代のイデア論をある程度考慮する）恒常的な現実との結びつきでなければならないのはもちろんである。それとほぼ同時に、哲学をいわゆる需要や有用性、あるいは人間の幸福にとって意味のある主たる真理に限定しようとする実用主義的な試みが、トマージウスの実践的な意図が継承される中で、世界を超越する神的全知というヴォルフの理想に対する反動として生じてきた。こうして早くも十八世紀中頃までには、哲学の実存的性格を強調する流れが生じ、通俗哲学や世界に関わる哲学にとって重きをなしていった。しかしほぼ時を同じくして、哲学の対象の規定を刷新することによって、ヴォルフ主義の中から、理論に力点を置いた哲学の理解が現れた。そうした構想により、（形而上学的な）可能性の学というヴォルフ的な考えと、特性の学問という反ヴォルフ的な考えはある程度まで折り合いをつけることができた。諸事物の本質的特性をその概念にもとづいて認識するという意味では、哲学は本質に関する学である。さらにカントは、実存的な理解と科学主義的な理解の両方をともに受け容れたうえで、二つを「世界の哲学」と「学校の哲学」としてふたたび区別しながら総合しようとしている。

哲学の対象に関する議論は、認識のあり方についての多少なりとも反省的な想定を含まざるをえない。啓蒙主義の草創期、哲学はそれまでと同じく、知恵や学識として、認識や知、「学問」として理解された。哲学とは、学問としての世界知だったのである。その場合、哲学的認識の地位にはさほど問題はなく、とりわけ疑わしい種類の認識を意味することもなかった。哲学とは、原理的には他の認識と同様であり、ただ（主観的には）批判的で、（客観的には）根本的であり、量の知識や科学的な知識とは質的に区別されていた。さらに哲学は、よりよい人間になることを促すという点で、実存的にとりわけ重要な認識であった。簡単に言って、知恵とは、哲学者を有徳で幸福にするような普遍的認識や洞察のことである。「学識」とはさらにそれを超えて、学び取られているとは限らない知恵を定着させ、哲学する人間を陶冶する「洗練化」の役割を果たす。ここでは、知恵、学識、知は、それらが生き生きとして、才知溢れる効果的な認識にもとづく限り、統一的な方向に向かっている。こうした認識の結果が確実か不確実かは差し当たっては二の次である。哲学的認識は、状況次第で確実にも不確実にもなり、蓋然的にもなりうる。しかし、信仰を失って人間に不確実性が増すにつれて、認識の領域で確実性に対する要請が高まってくる。そのために、近代の自然科学との競合もあって、認識の確実性という近代的な理念は、哲学にもしっかりと根を降ろしたのである。そこでヴォルフは、哲学は最終的には学問たるべしという要求を掲げた。この場合ヴォルフは学問を、一方で近代の数学的自然科学と類似したものとして、他方では形而上学的な原理の学、つまりは厳密で究極的な学として理解している。学問としての哲学は、絶対者についての絶対知であり、それゆえにその純粋形態は神でなければ不可能である。このような方向でヴォルフに従った者は、弟子のなかでもわずかであった。ヴォルフはきわめて慎重に表現してはいるのだが、この要求は同時代の人びとには、あまりにも大胆に映ったにちがいない。そのため（またこうした要請に応えられないため）、一方では究極的学問を求める哲学の要求が抑え込まれ、他方では自然科学的認識や数学的認識とは異なる哲学的認識を――たとえば、厳密な概念にもとづく認識として――より厳密に規定するという、さまざまな試みがなされるようになった。哲学的認識の対象一般（「何」）は、結局のところその認識のあり方（「いかに」）ともども問題になるが、哲学的認識の様式と方法の究明は、啓蒙主義末期には、経験論と合理主義との論争の文脈で、「アプリオリな総合判断はいかにして可能か」というカントの問いに辿り着くのである。

認識はそれ自体として直接の目的をもっている。認識の目的は真理であって、真理以外の何ものでもない。その限りで、真理の探求としての哲学は、もともと一定の目的を追求する活動である。哲学の目的を問うとは、哲学は真理以上のものを求めようとしているのか、あるいは真理をさらに超えた目的を追求しようとしているのかを問うているのである。基本的にはいまだに「アリストテレス的」（つまり目的追求的ないし目的論的）思考に馴染んだ啓蒙主義の哲学にとっては、こうした問いへの解答はあらかじめ決まっている。哲学的認識は、他のいかなる活動と同じく、幸福を目的とする。この点は、実践的に疑問の余地のない、啓蒙主義の中心的な自己理解に属している。幸福が「内的目的」として哲学の定義の内に組み込まれるか、「外的目的」として副次的に設定されるかは、どちらでも構わない。いずれにしても幸福は明白であり、徳の条件と結びついているため、徳とは――カントにいたるまでたびたび

——目的に達するための手段とみなされていたのである。人間は徳を通じて、幸福に値するものとなるだけでなく、実際に幸福となる。そのため幸福は、徳と同様に、徳を通じて、直接に追求される。幸福は、人間の本質を充実させる平安を超えた、物質的安逸以上のものと理解されるが、いずれにせよ、幸福——のちのドイツ観念論では自由——は、共同体の幸福としてのみ成立する。その際には、他者の幸福（啓蒙主義の初期段階では、神の崇敬も）が自らの至福の端的な主要条件として、あるいは自らの目的や幸福を求める努力を相対化するような、自己を超えた中心的目的として把握される。啓蒙主義の最終段階で哲学がいわば意に反してますます理論的な学へと向かうと、知恵としての哲学を求める意欲とともに、哲学を通じて幸福と徳を得ようとする希望が失われた。哲学者が関心を寄せるのは、たかだか認識の成功、ないし真理の「享受」になり、たとえ哲学者が不幸でありつづけても、絶対知としての哲学そのものが自己目的となるのである。

啓蒙主義時代の哲学の自己啓蒙は、大まかに言って、神学に対抗する攻撃的な自己主張（トマージウス）から始まって、近代科学を考慮したうえでの防衛的な自己反省（カント）に達する。今日ほどではないにしても、哲学が自身と自らの地位を理解することは明らかに困難であったが、それでも神学と自然科学からの離叛という哲学独自の意識はますます明確になっていった。哲学とは補助的学問でもなければ、数学的処理が可能な現象の学でもない。哲学という営みは、哲学する人間そのものが問われるような活動である。哲学では財産の正しい扱いや魂の安寧といったいわゆる幸福が問題になる。したがって、哲学的認識の客観化を目指すあらゆる努力にもかかわらず、哲学する主体に対する反省がいつまでも保持される。そうした反省は、哲学を科学化する近代の動向への反撥の中で強化され、最終的には、哲学の意識的な「主観化」にまで辿り着く。啓蒙主義の最初から、哲学者たちはそれまで見られなかったほど、思索者としての自らの独自のあり方を強調している。カントがのちに表明するように、「自ら考えること」こそが啓蒙主義の合言葉となる。もちろん、「自ら考える」という表現が冗語的である以上、この言葉によってその正当性ないし独自性があえて強調されているものと考えられる。当然ながら、いかなる時代の哲学者も、正しく思考するだけでなく、自ら考えるよう要求してきた。しかし、まずは規範とされる既存の思考に追随するのではなく、のちには、正しく思考することとも区別して、「自ら考えること」をひときわ際立たせるのは、啓蒙主義の斬新な特徴である。哲学とは、単に理性的な思考というだけでなく、自由な思考でもなければならない。

このような発展は、制度としての哲学の自己理解をも変貌させずにはおかない。中世的な関心のあり方——とりわけ神学の優位——にもとづいて、大学は上位の三学部と一つの下位学部とに区分されていたのは周知の通りである。つまり、一方に神学部・法学部・医学部が、他方にいわゆる学芸学部が設置され、後者には「七自由学芸」と並んで、哲学も含まれていた。つまり哲学は、本来の学問を学ぶための準備段階に置かれていたのである。哲学は確かに基礎学ではあったが、それは他のすべての学問の体系的な基盤という意味ではなく、むしろ中心的な学問を学ぶための方法論的な補助的学問にすぎないと理解されていた。こうした捉え方は当然のことながら、哲学側の自己理解と自己意識とのあいだに常に軋轢を生じさせた。こうした緊張は、遅くとも神学の支配権が揺らいだ時代には表面化した。それまで神学は哲学を押さえ込むことに多大の関心を払ってきた。哲学は絶対者について語るところから、最高の認識と神についての神学的記述とを自任する神学と、往古より暗黙の強固な対抗関係にあったためである。神学にも事実上は哲学が含まれるものの、神学にとって哲学はあくまでも「婢《はしため》」にすぎなかった。

古くからあるこうした学部間の争いについては、一般的にはカントの論述〔「諸学部の争い」（一七九八年）〕を通して知られているが、啓蒙主義の最初期から付いて回っている。トマージウスもそうした争いを経験している。学部の区分はすでに歴史的に必然性を欠いていたため、トマージウスは学部間の争いを体系的に基礎づけて調停しようとしたのである。トマージウスはもともと大学運営の問題を手がけ、さらに法学者として最高学部に所属していたため、最初は哲学を単なる補助的学問と捉えている。一六八八年の『神的法学綱要』（第七版一七二〇年）――土台となる第一巻はおそらく一六八七年には公刊されていたと思われる――でトマージウスは、当時の大学制度をいまだ無条件に擁護していた。それによれば、今日の哲学の概念が、古代の哲学に比べて狭められていることこそ問題だということになる。哲学は本来、神的事象と人間的事象に関する認識であり、異教徒は哲学の内に医学・法学・神学を含めて考えていた。そうなると、哲学者と王は同一人物であるべきだとするプラトンの主張も理解できるだろう。しかし今日では、哲学はもはや王の役割を果たせないのであり、ただ敬虔な侍女の称号に甘んじなければならない。ここから学部の区分も導かれる。自律的な目的をもつ主要な三学部のうち、医学は身体の健康に関わり、法学（ここではまだ道徳哲学と不可分である）は世俗の幸福に携わり、神学は永遠の幸福を扱う。これに対して哲学は、奉仕の役目のみに徹する学科であるため、独自の目的をもたないように思える(11)（二八頁以下参照）。のちに『法学研究註記』（一七一〇年、ドイツ語訳一七一三年）においてトマージウスは、学部の序列が成立する歴史的条件を批判的に解明している。「その序列は、教皇を中心とする宗教界の発明であり、他の学問を支配しようとするものである」（六五頁）。しかし、最も有害な発明であっても、良い目的のために用いることは可能である以上、トマージウスはそれを変更する理由はないと考える。[12] 哲学はたとえ婢と呼ばれて蔑まれようとも、また時には正しい学識が真の哲学と呼ばれることがあろうとも、予備的な学であると同時に、包括的な知恵なのである。

伝統的な大学と学問の位階を問題にするトマージウスの問いかけは、弟子たちに受け継がれた。哲学の解放は、いまだ制度的に見えるかたちで実現されたわけではないにしても、トマージウス派内では事実上は従来の価値評価の転換がなされている。[13] たとえばアウグスト・フリードリヒ・ミュラー（『哲学的諸学への入門』一七一八年、第二版一七三三年）は、哲学を普遍的学識と捉え、学識を鋭敏な認識と理解したうえで、すでに哲学の優位を力説していた。学識の区分は、「学識そのものの根拠からではなく」、歴史的条件から生じたものである。主要三学部は、その地位をとりわけ近代国家の経済や構造、および官僚機構に負っている。半可通の教養と権威を求める利害関心が、哲学を婢として蔑むことに力を貸したのである。「自らの意図するところを、軽信や盲従として人間に浸透させようとする者は、健全な理性を陶冶して身につけているような人びとを蛇蝎《だかつ》のように嫌うのである」（四七頁）。しかしながら、いわゆる上級学部を、学識とは言いがたい暗記的学問や手工芸と区別して、実際に「学識ある学問」とみなすなら、それらが哲学に根拠をもち、「鋭敏な概念、すなわち哲学なしでは」成り立ちえないことがただちに明らかになる。三学部とも哲学を「不可欠の根拠として」前提しているのであり、このことは、神学に関しても――それが真の学問であろうとする限りは――当てはまる（四八頁以下参照）。

哲学部に所属していたヴォルフにとっても、彼自身の哲学の概念からして、他のすべての学問に対する哲学の優位ははじめから明らかである。哲学は可能なものの学として、すべての可能なものに及び、それと同時に、哲学はあらゆる根拠の認識として最高の認識である。そのため、すでに『予備学』（一七一八年、第二版一七三五年）で、哲学者とは、いわゆる上級学部においてただ「素朴な仕方で」扱われているものを「最高の仕方で」（一〇八頁）認識する者とされている。哲学は他の学問に対して、あるいは農夫や職人に対して、明確な概念と確固たる規則を与える。それゆえ哲学とは本来、唯一の真なる学問なのである。哲学は、対象ではなく認識のあり方によって、他の通常の学問とは区別される。そのためヴォルフは、さまざまな論考において哲学の有用性を説き、とりわけたとえば『婢ならざる哲学について』（一七三〇年）では、自らの哲学とその位置を説明している。同書でヴォルフは、哲学を「女主人」として描いている。『自著についての詳細な解説』（一七二六年、第二版一七三三年）では、ヴォルフはのちのカントと同様に、婢という比喩をその対極へと転換している。哲学はまずはその概念によって他の学問に光をもたらす。「したがって私は、戯れにこう言うのだ。世界知〔哲学〕とは、上級学部の婢と言えるかもしれない。しかし、もしその婢が女主人に灯りを差し出さなければ、女主人は暗闇の中をさまよい、しばしば転んでしまうのだ[14]」（五三六頁、五二六頁以下参照）。

啓蒙思想の最盛期に、哲学はほぼ二〇〇〇年来なかったほど、そしてこののちにはドイツ観念論が唯一そうしたように、自らの強い権能を要求した。哲学はその自己理解において、補助的学問から普遍的・基礎的学問へと発展していった。しかしながら、こうした要求が形をとったり、明確に掲げられないところでも、哲学は、認識の基準としての啓示や啓示神学をますます弱め、異質な規定や、違和感のある規定から解放されていった。哲学はふたたび自由な思考として解き放たれたのである。しかし哲学はただ単に自由なだけでなく、理性的でもあろうとするため、自由な理性のみならず、理性的な自由をも追求する。理性的な自由とは、ドイツ啓蒙主義の中心的な格率である。それは、（単なる恣意とは区別された）理性によって内的に規定された自由というだけでなく、与えられた状況――たとえば、そのときどきに立ちはだかる宗教的・政治的制限――に対する理性的な考察を通じて、自己を外的にも確立していこうとする自由なのである。理性的に哲学するということは、控え目で慎重に、現代風に言えば、批判的・自覚的に哲学するという意味である。自由は理性にもとづくのであり、理性は万能でも全能でもないと認めることにもとづいているのである。

原注

（1）以下の叙述に関して、すでに言及した著作以外では、次を参照のこと。W. Schneiders, Zwischen Welt und Weisheit. Zur Verweltlichung der Philosophie in der frühen Moderne, *Studia Leibnitiana* XV/1（1983）; Deus est philosophus absolute summus. Über Christian Wolffs Philosophie und Philosophiebegriff, in: W. Schneiders（Hg.）, *Christian Wolff*, 1983（2. Aufl. 1986）; Der Philosophiebegriff des philosophischen Zeitalters. Wandlungen im Selbstverständnis der Philosophie von Leibniz bis Kant; in: R. Vierhaus（Hg.）, *Wissenschaften im Zeitalter der Aufklärung*, 1985.

（2）ここで詳述できない哲学者や哲学史家もまた、すでに概略した枠組みに属している。ゴットフリート・ポリュカルプ・ミュラーは、『上級能力に応用された哲学』（一七一八年）において、まず「自然と恩寵の光にもとづく」理論的・実践的知恵と等置される学識を説明し、ついで理性のみにもとづく自然の知恵を論じている。「ここに、われわれが哲学〔自然的知恵〕と呼んでいる自然的な学問が生じる。すなわち、獲得された自然の光からの認識、つまり人間の内的かつ外的な真の幸福に関わっている諸事物についての、確実で明晰かつ実用的な認識が〔生じる〕」（四頁）。単なる好奇心とは区別される生き生きとした有効な認識、すなわち悟性と意志を活動させる認識は、（至福にとって）本質的な知識に限定されるが、そうした知識は――ここで語られるように――「明らかな結合によって質料的実体の受容力へと」結びつくものでなければならない。ヨハン・ヤーコプ・ジュルビウス『第一哲学綱要』において哲学とは、「真なるものと善なるものの学」である。ゴットリープ・シュトレ（『学問の歴史』第二巻、一七一八年、第四版一七三六年）は哲学を、「人間的かつ時間的幸福に必要な事柄についての理性的認識」と理解している。またヤーコプ・ブルッカーは、『哲学史抄説』（一七三一年）において哲学を、「新にして善なる、したがってまた移ろいやすい幸福に関してわれわれが理性にもとづいて根本的に認識した事柄についての学、しかも正しい原則と原理から導き出された学」（八頁）と定義している。哲学はそれ自体としては、知恵と同等であり、ただそこには認識の行使が含まれる（四頁以下参照）。ブルッカーの詳細な『哲学史』（一七四二年）第一巻の冒頭では、「神的事象と人間的事象」を「真理と善の学」に組み入れている（八頁参照）。

（3）　トマージウスに影響を受けた法学者や法哲学者たちに関して、ここで踏み込むことはできないが、彼らもまた当然のことながら、実践を目指した哲学概念に傾いている。エフライム・ゲルハルト（Ephraim Gerhard 一六八二—一七一八年。『理性的哲学概論』一七〇九年、第二版一七一七年）にとって学問としての哲学は、「精神が把握したものという意味ではなく、抽象的な意味で」、学問の一部である。それは人間にとっては、確実かつ必当然的であったり、単に蓋然的であったりする知識・認識、または、生き生きとして実効的であったり、現実味を欠き単に考えられただけの習慣的であったりする知識・認識でもありうる。哲学は事象を扱うのであり、思想や概念のみを扱うのではない。哲学は自然的理性によって獲得され、最終的には人間の幸福に役立つ。ゲルハルトにとって、哲学が役立つのは、世俗的な幸福のみである。なぜなら永遠の幸福に関しては、理性はそれ以上何も知ることがないからである。「哲学とは、諸事物と、本性的に認識されうるものと、人間の幸福に関わるものについての知識と愛と使い方を教える学知と言うことができる」（一八頁。一五頁以降参照）。ヨハン・ゴットリープ・ハイネッキウス（Johann Gottlieb Heineccius 一六八一—一七四一年。『理性的・道徳的哲学綱要』一七二八年、第九版一七四五年）にとって、哲学は「正しく配置され、人間の真の幸福へと向かう理念による、真なるものと善なるものの認識」（一頁）である。その際、正しい理性は世俗的な幸福に限定される。永遠の幸福を空想する者は哲学の限界を踏み越えているのである（三頁）。

（4）　ムージヒ以前にもすでにグロッサー（『真の教養への根本的入門』第二巻、一七〇四年）は、哲学を人生の目的の点から定義している。哲学とは、「人生の必要のために知り、実現し、義務に従って実行しなければならない事柄に関して、自然の光にもとづいて獲得する認識」（三頁。四七頁参照）である。同様に、クリストフ・アウグスト・ホイマン（Christoph August Heumann 一六八一―一七六四年。『哲学の本質と概念』第一巻、一七一五／一六年）は、哲学を実践的有用性という方向で捉えている。ホイマンにとって哲学とは、「確たる根拠と原理にもとづく有益な真理の探究と考究」（九五頁）である。哲学とは、徳へと導く知識なのである。そこから、「哲学とは……徹底して実践的な学である」という結論が導かれる。すなわち、純粋で生粋の理論家、あるいは「ただ好奇心によってのみ」思考する者は、教養ある人物であっても、哲学者とは言えない（一〇〇頁以下参照）。哲学とは道徳的に実践的な知恵なのであり、哲学者ならざる者の偶然の知恵は、根本的で学識ある哲学とは、その形式からして区別される。講壇哲学と世界の哲学は、内容的には同一に見えることもある。

（5） ルートヴィヒ・フィリップ・テュミヒの『ヴォルフ哲学綱要』では、十分に哲学を定義していないが、ゲオルク・ベルンハルト・ビルフィンガーはすでに一七二二年に学位論文「事物の三重の認識について」において、ヴォルフが最初に主張した認識のさまざまな種類や段階を受容し、ヴォルフ本人へと立ち返っている。哲学は、「事象そのものを区別して」事象の根拠を探究する（四頁、一三頁参照）。この二人のヴォルフの弟子にとって、可能性の学という哲学の定義は大きな役割を果たしていない。ヴォルフの哲学概念をめぐる初期の論争に関しては以下を参照。シュティープリッツ（Johann Friedrich Stiebritz 一七〇七―一七七二年）『人間悟性の能力による理性的思考の解明』（一七四一年）。

（6） 同様にバウマイスターは、『哲学的考察の綱要』（一七三五年、第二版一七五五年）において哲学を、原因ないし充足理由の認識とだけ定義している。「数学的方法」ではなく、「自然的、体系的、哲学などの方法」と言うほうがよいとされる（八頁）。またヨハン・アンドレアス・ファブリキウス（Johann Andreas Fabricius 一六九六―一七六九年）は、一七三三年の『論理学』を「総じていわゆる数学的教示法に従って」著しており、可能性の学一般には言及していない。ファブリキウスにとって世界知とは、「根拠一般に従った事物の学」であり、一種の「普遍的教養」である。それは啓示による認識とも、また通常の数学的認識などとも区別される（六頁）。

(7) ギーセンの形而上学・数学の教授であるアンドレアス・ベーム (Andreas Boehm 一七二〇—一七九〇年) は、「科学的方法にもとづいて」書かれた『論理学』(一七四九年) において、根拠の概念から説き起こして、事象の根拠を認識しない「歴史的・通俗的認識」と、事象と同時にその根拠をも認識する「哲学的認識」を区別している。この文脈では「数学的認識」は考慮されていない。「それゆえ、哲学とは、存在するもの、もしくは生成可能なものについての理性の学問である」(三頁)。この後半の一節では、哲学を可能なるものすべてへと拡張するような傾向がうかがえはするが、主題的に論じられているわけではない。ベームの解説はむしろ、哲学を主観的ないし客観的に定義し、学問を一方では「証明の習慣」として、他方では「証明された諸命題の体系」として把握する方向へ向かっている。証明とは、「それ自体で明らかな諸原理から、合法則的な結合によってあるものを導出すること」を意味するため、ベームによれば「理性のみで」という付加は余計である。合理主義はもはや、ことさらに神学と区別される必要はない。哲学とは知なのであり、知の存在しないところにはいかなる哲学も存在しえない (二頁以下参照)。

(8) 著書『哲学入門』(一七五二年) においてアールヴァルトは、まず一般的ないし歴史的認識と、学問的・哲学的認識を区別し、いわゆる数学的認識をこうした基本区分から排除することを強調している。「学識と哲学は……事象の認識であり、根本的にして、理性によって到達されるべきである。この認識によって最終的な意図が満たされるのなら、それはいっそう望ましい」(三頁)。ここでいう最終的な意図、つまり人間の究極目的とは、神の栄光の促進と、それに結びついた人間の幸福の促進である。「哲学の偉大な有用性を疑うものはひとりとして存在しない。人間は、状況に応じて、哲学との結びつきを明らかに認識しなければならない」(四頁)。

(9) 方法の問題に関しても、エッシェンバハはヴォルフとの違いを強調している。確かに哲学は、論証を展開しなければならない。つまり、理性だけで把握できる原則から導かれねばならない。しかし論証的な教示法は、分析的ないし体系的でありうる。いわゆる数学的方法はそうしたものに数えられるが、それは他の学問に適用されると、「きわめて空虚な方法」になる (一三頁)。分析的教示法と体系的教示法は最終的には一つに収斂するため、分析的に展開するか体系的に展開するかは、基本的にはどちらでも構わない。「しかしながら、経験が示す通り、講義では体系的な教示法が、若干優位に立つ (同様に、思考の展開や構想では分析的な教示法が優位に立つ) ため、哲学は体系的・論証的教示法によって展開されるほうが望ましい」（一四頁。一一頁以下参照）。いずれにしても、ヴォルフとともに、この教示法を神的なものとまで言ってしまうのは、「いささか誇張しすぎ」である（一四頁。一一頁以下参照）。

（10）ゲッティンゲンのヨハン・アウグスト・エルネスティ（Johann August Ernesti 一七〇七―八一年）は、ドイツで通俗哲学を創設したひとりであり、『確実な学問』（一七三六年、第四版一七五八年）の中で当初は、事実の認識としての歴史的認識と、原因の認識である哲学的認識を区別し、それに応じて哲学を、「存在あるいは生成している事象についての認識、〔それらの事象が〕なぜ存在あるいは生成しているのか、またはなぜ存在・生成しうるのかの理由についての認識」と定義している（三頁）。さらに、明らかにヴォルフを念頭に置きながら、その尊厳と従来の有用性を超えて哲学の限界を拡張することに警告を発している。「哲学をすべての可能な事象についての学問と解する人々が、そうしたことをしているように思われる」（三頁）。古代の人々も、哲学を神的事象と人間的事象の学問と名づけたとき、単にすべてのものを哲学の対象としたのではなく、人間の幸福に最も寄与するもの、その偉大さや認識の困難さゆえに「自由人」にふさわしいもののみを哲学の対象としたのである。そこでエルネスティも古代の基準に依拠しながら、知恵というものを本質的な知に限定し、「事物そのものの貧弱さと無力さのために」知の名に値しないものを哲学から排除している（三頁参照）。換言すれば、エルネスティもまた単なる博識を、神の全知の卑小なコピーとして警戒しているのである。しかしその際にエルネスティは、実存的な必要性や思考する人間の本質的目的からではなく、認識対象の価値にもとづいて議論を展開しようとしている。

（11）トマージウスは、ほぼ同時期の『宮廷哲学入門』（一六八八年、第二版一七〇二年）で同様の考えを主張し、理性と啓示――神学を特別な地位へと押し上げているもの――との区別を、第一の判別基準と呼んでいる。この著作の最後でトマージウスは、衒学主義に対するウルリヒ・フーバー（Ulrich Huber 一六三六―九四年）の付論を示唆している。そこにおいては、上級諸学部から哲学が低く見られていること、および哲学が普遍的で形而上学的な法則設定を要求していることが、哲学という野心的な学問の相反する二つの重荷として記述されている（二三五頁、二五九頁以下参照）。

（12）学部区分の歴史的な問題に関しては、一七〇七年のトマージウス『政治的英知の構想』、およびプーフェンドルフ

『ドイツ皇帝の身分について』（一六九六年〔セウェリヌス・モンツァンバーノという偽名で刊行された〕）の註釈版に付されたトマージウスの序文を参照。トマージウスは時折、のちに水曜集会で論じられるような問題、つまりそもそも（生き生きとした知という意味での）哲学はどの程度制度化が可能であるのかといった問題に触れている。

(13) 著名な一例は、ヨハン・ゲオルク・ヴァルヒである。彼は、著書『哲学事典』（一七二六年、第四版一七七五年）で、ミュラーと同様に、教養の一部である神学・法学・医学から、一般教養としての哲学を切り離し、哲学には事実上、基礎学の位置を割り当てている。ヴァルヒ自身はトマージウスと並んでゴットリープ・シュトレを知っていたものと思われる。シュトレは、『学問の歴史』第二巻（一七一八年、第四版一七三六年）においてすでにきわめて明確な立場を取っている。「神秘を警戒すべきである。理性的な学知にとってのこの敵は、きわめて神聖な姿で現れることがある。それは教皇主義の拠りどころであり、真の哲学が容認しえないものである。スコラ学者はその侍女であり、神学の婢ということになるだろう。純粋な神の学知は、真の哲学を姉妹として抱擁し、接吻する。哲学は右手を差し出し、心から祝福する」（四四二頁）。

(14) ヨハン・クリスティアン・エッシェンバハ（『論理学、あるいは思考の学』一七五六年）はいまだにこうしたイメージを描いている。「それ〔哲学〕がなぜより上級学問の婢と呼ばれるのか、上級の諸学問の前段階なのか、下級なのかに関しては、哲学をそう呼ぶ人びとのあいだでも一致を見ていない。ある人びとは、哲学が松明をもって先導し、自らの女主人を照らし、正しい道を示すという意味で、哲学を婢と呼んでいる。上級の学問は哲学がなければ正しい道を見出すことができず、暗闇に踏み迷ってしまうからといい、哲学の名誉とされる。また他の人びとは、哲学は上級学問のあとに付き従い、女主人に逆らってはならないと言っている。説教臭い冗談である。真の哲学は、他の学問とは争わず、ましてや神の啓示を否定することなどない。……また逆に、神的とみなされる啓示の特徴に関して神学者たちがはっきりと主張しているように、真の啓示も、健全な理性に逆らうような命題を含まない。同様の理由から、神学のほうが――奇妙な言い方かもしれないが――哲学の婢と呼ばれてもよい」（二一二頁）。

真の啓蒙と高次の啓蒙

啓蒙期は重要であるのは間違いないが、ドイツ精神史で最も偉大な時期というわけではない。そのためいったん流行が去ると、啓蒙主義がふたたび広く支持を集めることはなかった。同時代の有名なイギリス人やフランス人の思想家の陰に隠れてしまい、とりわけ十八世紀末以降の偉大なドイツ哲学の前で霞んでしまっている。なるほど、ドイツ啓蒙主義は多大な影響を及ぼし、多くの道を切り開いたと言えるが、後世の偉大な思想家たちがドイツ啓蒙主義を（イギリス・フランスの啓蒙主義と並べて）軽視するようになったのには、それなりの理由がある。それは単に独創性や自己理解の問題だけでなく、内容的な違和感の問題である。ドイツ観念論やロマン主義、および今日にいたるまでの後継者たちが啓蒙主義に反対している以上、啓蒙主義の意義を論ずるには、さまざまな根本的な解決が必要であろう。第一に、悟性や理性、自由・寛容といった、啓蒙主義に典型的に見られる要請を体系的にどのように評価するかという問題であり、第二には、十八世紀におけるこれらの理念の実現を歴史的にどう評価するかという問題である。「歴史的事実」が現代にどのような意義をもつかは、最終的にはわれわれ自身の取りようである。それぞれの土地には無数で多様な伝統があり、自分たち自身の伝統を受容し取り入れる際には関心のもち方が大きく影響を与える以上、どの土地にもある程度は基盤となる伝統があるにしても、最終的にどの伝統が勝利を収めるかはわからない。そのため極端に言えば、ドイツはわれわれがそう望む限りで、啓蒙主義の土地なのである。

具体的に言うなら、ドイツ啓蒙主義を歴史的に評価するには、とりわけ二つの問いが肝要となる。第一に、ドイツ啓蒙主義はヨーロッパの他の啓蒙主義、特にフランス啓蒙主義やフランス革命との関係においてはどのように評価されるべきか、第二に、啓蒙主義以降、そして革命以降の思弁的哲学、カントの超越論的哲学と啓蒙主義との関係はどのように評価されるべきかが問題となる。言い方を換えれば、フランス啓蒙主義はドイツ啓蒙主義よりも、いわばより啓蒙的であったのだろうか。またフランス啓蒙主義はすべての啓蒙主義の基準になりうるのだろうか。あるいは両者は二つ別々の歴史的現象であり、価値を比較するのはあまり意味がないのだろうか。そしてフランス革命は、そもそもフランス啓蒙主義から生じたのだとすれば、（すべての啓蒙主義ではないにしても）フランス啓蒙主義の頂点であったのか、それともその破綻であったのか。フランス革命はどの程度新たな時代の幕開けとなり、どの程度啓蒙主義以前への後退ですらあったのか。ドイツ啓蒙主義は、カント以降、ないしフィヒテ（Johann Gottlieb Fichte 一七六二―一八一四年）、シェリング（Friedrich Wilhelm Joseph von Schelling 一七七五―一八五四年）、ヘーゲル以降の哲学によっていかなる意味で凌駕され、克服されたのかが問われなければならない。啓蒙主義は継続され、深められ、完成されたと言えるのだろうか。それとも内的・外的要因で挫折したのだろうか。ドイツ啓蒙主義は、新たな蒙昧主義や、偽りの光によって駆逐されてしまったのだろうか。一言で言うなら、それはどのような意味で「止揚」されたのか。

啓蒙主義に対する歴史的評価は、それ以降の哲学をどう評価するかによって大きく左右されるのは明らかである。さらに、理性と現実の関係を根本的にどう評価し見定めるかにもよる。啓蒙主義の評価に違いが生じるのは、かならずしも、十八世紀の啓蒙主義、特にドイツ啓蒙主義に関して、知識の程度に差があるからというわけではない。もちろん、基本的な事柄に関する知識というのは疑いもなく重要な役割を果たす。しかしそれよりも肝心なのは、議論が展開される地盤となる、あらかじめ設定される「世界観的」前提である。もちろん、啓蒙主義の研究と批判が、あいかわらず大きく食いちがっていることも、状況をより困難にしている。

(一) 歴史化と脱歴史化

十八世紀後半に啓蒙主義は自らを歴史的に考察し、伝統を回顧し始めたが、それは当初は明確な自覚にもとづいていた。啓蒙主義から見れば、「われわれの世紀」ほど啓蒙されて、偏見に囚われず進歩的な時代はなかった。「啓蒙された時代」に生きていると確信していた人びとは、少なくとも、自分たちの生きている時代を「啓蒙の時代」(カント)であると信じていた。もちろん、「啓蒙されたわれわれの時代」という表現には、時として皮肉な響きがともなうことは聞き逃しようもなかった。また、同時代を悪く言う声も少なからず聞こえてきた。それは、啓蒙主義の新旧の敵対者のみならず、啓蒙主義者のなかでも常に存在したのである。しかし、概して(とりわけ哲学などの学問に関して)、それ以前のいかなる時代とも比較にならないほど進んだ時代に生きているという矜持は共有されていた。いずれにせよ、人びとは自分たちを他の時代の人びとと比較することができたのであり、その点で、啓蒙主義は自身を歴史的現象として理解していたのである。

　啓蒙主義は自らを歴史的に捉え、（反省と矜持という二重の意味で）歴史的自己認識を有していたため、歴史的現象として理解された啓蒙主義は、「一時代《エポック》」として歴史に組み込まれ、これまでの歴史全体の一齣となった。他の時代に比べて自らの時代を優位に置いた以上は、内容的な意味だけでなく、時間的にも他の時代とは区別されなければならない。それでは、啓蒙主義の時代は本来いつ始まり、いつ終わったと考えられるのだろうか。初期啓蒙主義という先駆者があり、その後に成熟期が続いたということなのだろうか。なるほどそのような歴史的な問いは、他の差し迫った内容的な問いと比べると付随的にすぎないが、啓蒙主義にとって本質的な反省の構造は、必然的に歴史的要素をもつ。さらに、伝統と対峙することで、啓蒙期において歴史に対する関心が目覚め、歴史についての啓蒙や、歴史による啓蒙も必要となった。こうして、啓蒙主義の歴史に対する関心は本質的となる。啓蒙主義は自らを、単に歴史上の一時代《エポック》としてだけでなく、歴史的過程、しかも十八世紀に限定されない歴史的過程として理解したのである。啓蒙主義を歴史として把握することは、逆に歴史を啓蒙の過程として把握することへと通じる。このように、啓蒙主義の時代意識――その唯一性の確信と、さらなる発展の意欲――は同時に、カントからヘーゲル、あるいはレッシングからマルクス（Karl Marx 一八一八―一八八三年）にいたる歴史哲学の開始にとって本質的な前提なのである。歴史とはいまや、キリスト教的な救済史との類比で、唯一の世界史的過程《プロセス》〔審判〕として理解されうる。つまりそれは、普遍的啓蒙ないし教養〔陶冶〕の過程、文明や文化の過程、一言で「人類の教育」（レッシング）の過程なのである。

　自らの始まりを正当化しようとする啓蒙主義の試みは、十八世紀に、とりわけ現代も通用している二通りの見方に導かれる。闇の時代である中世を挟んで、ルター（Martin Luther 一四八三—一五四六年）や人文主義者とともに、新しい時代である近代が始まったというのが、一般的な見解として通用している。近代の始まりについてはさらに考えなければならないにしても、その限りで啓蒙主義とは、本質的に人文主義者が確立し、今日でも継承されている歴史的な時代区分の延長にある。その一方で多くの啓蒙主義者はすでに、多かれ少なかれ、この新たな時代の内部でも重要な相違が存在すること、そして啓蒙期はいわゆる近代と完全に重なるわけではないことを明確に意識していた。とりわけドイツの初期啓蒙主義者（トマージウス）は、自分たちとともに、歴史の新しい時代が始まったと確信していた。それに対応して、十八世紀の末には、いくたの政治的大事件と、世紀の転換期を目前にして、十八世紀を独特の一時期、すなわち啓蒙の世紀とみなす傾向がますます強く見られるようになった。こうして初期近代は啓蒙主義の先触れと考えられ、たとえばベーコンとデカルトは、偏見や迷信に歯向かった最初の闘士とみなされた。それに従って、（古代・中世・近代と歴史を三区分するルネサンス的歴史観、さらには発展史観において）中世を越えて古代にまで目が向けられるようになり、古代は哲学が人間の精神をはじめて啓蒙した時代と考えられた。ソクラテスは何といっても世界知〔哲学〕の理想とみなされたのであり、今日ではクセノファネス（Xenophanes 前五六〇頃—四七〇年頃）やソフィストが「いわゆる啓蒙主義の先駆者」とみなされることも稀ではない。啓蒙概念のこのような拡張や誇張は、堕罪を解放〔自己解放〕と捉える解釈や、啓蒙主義に関する今日の理解——啓蒙主義とは原理的にすでに自然から人間が離脱した「ホモ・サピエンス」の成立と同時に始まったのであり、近代の啓蒙は第二、第三の啓蒙にほかならず、やがて第三、第四の啓蒙がやってくるという理解——とほど遠からぬところにある。

十八世紀末の主たる啓蒙主義者にとっては、啓蒙主義の起源や萌芽期の問題よりも、啓蒙主義の終焉や将来の問題のほうが現実的であった。このような問題設定の背後には、あらゆる時代はやがて変化するという認識のみならず、啓蒙主義は大方の人びとが期待したほど大きく進展しなかったし、それどころか予想だにしなかった後退さえも見られたという認識が働いていた。新たな外的な制限も存在したし、啓蒙主義内部で得られた知見もあなどれない。しかしながら、啓蒙主義者たちは、その敵対者が今日でもなお考えるほどには、進歩ばかりを礼讃したり、現実に盲目であったわけではない。のちのカントのように、トマージウスもすでに、〔法の外的な遵守としての〕適法性の進歩が〔内面的規範としての〕道徳性の進歩を上回ることを懸念していた。つまり、単なる技術的な進歩に対して、トマージウスはきわめて批判的であった。フリードリヒ二世は、迷信は撲滅不可能であると認識していただけでなく、啓蒙主義者も悟性に依拠する際に、神や信仰に依拠するその敵対者たちに劣らず狂信的になり、教条的になったり不寛容にもなりかねないと見抜いていた。こうした知見ゆえに、たとえばモーゼス・メンデルスゾーンやヨハン・ヤーコプ・エンゲル（Johann Jakob Engel 一七一一―一八〇二年）は、古代の歴史書や政治哲学から得られた衰退の原則を啓蒙主義に応用し、すでにある種の「啓蒙の弁証法」を確認しようとした。啓蒙主義と言えども両義的なのであり、たとえ外的な抵抗がなくとも、自己自身を誤認することで挫折し、誤用や無節制あるいは疑似合理主義によって自滅することがありうるのだし、またそうならざるをえない場合もある。そのため多くの啓蒙主義者は、十八世紀末には、啓蒙が終焉を迎えつつあり、自己破壊や新手の闇の勢力の圧力で、新たな迷信へと転じる危険が迫っているのを感じていた。[1] 啓蒙主義者たちは、カントと同様に、啓蒙主義の不壊の「萌芽」に自らの希望を託し、いかなる嵐にも耐え、いつかは新たな生命が芽吹くのを期待し始めたのである。

一時代《エポック》としての啓蒙主義の開始と終焉を問題にすると、啓蒙期以前の啓蒙主義と啓蒙期以降の啓蒙主義という発想が生まれるが、そうなると啓蒙という概念はたちまち際限なく拡張されてしまう。その場合に啓蒙は、単なる思考の様式となり、批判的態度や、いわゆる合理的な思考様態を指すにすぎなくなる。こうして、すっかり一般化された、いわば包括的な啓蒙概念は、最終的に非歴史的な啓蒙概念に舞い戻る。もともとが綱領的で体系的な啓蒙概念がまず歴史化したのち、当の歴史的な啓蒙概念が普遍化・脱歴史化され、それによっていわば普遍史的な啓蒙概念へと辿りついたことになるが、これは——最初のものより範囲が多少拡がったとはいえ——最初の体系的・綱領的な啓蒙概念とほぼ一致する。このような広義の啓蒙主義は、歴史上の特定の時代で目立つにせよ、ほとんどいつの時代にもある「批判的合理主義」と同義である。しかしながら、こうして普遍化された啓蒙概念といえども、実際には超歴史的ではなく、わずかなりとも模範としての十八世紀に縛られ、それに手を加えたものであることに変わりはない。それゆえに、歴史現象としての啓蒙主義はやはりその中身が問われるのである。

「啓蒙」とは、啓蒙主義以降、多様な意味合いに変化しながら用いられる行動・時代の概念である。啓蒙概念が、体系的・綱領的概念、あるいは歴史的概念に転じ、さらには脱歴史化された普遍的概念や「歴史哲学的」概念へと変化するのは、概念的に明確な規定が欠けているためだとも言える。しかしこれはまた、過去の一時期が後世にまで影響を及ぼした証しでもあり、問題の複雑な絡み合いを示している。「啓蒙」の概念が生き延びてきたのにはそれなりの理由があったとするなら、その概念に含まれている事柄も相変わらず重要性をもっているはずだろう。「啓蒙〔啓蒙主義〕」（Aufklärung）というドイツ語の表現は、歴史的な問題と、内容的な問題の両方をあらわすため、その両者の関連を考える絶好の刺激を与えるのである。

(二) 自己定義と自己超越

一七七〇年頃からは、ドイツ啓蒙主義が自らを反省する気運が高まった。とりわけ、啓蒙とは本来どのようなものであり、「真の」啓蒙とは何であるかという問いをめぐって反省が展開されている。啓蒙の条件と帰結が問われ、特に予想される限界が問題となった。現実的問題や案件が次々と生じていたため、啓蒙に対する啓蒙は、まちがいなく早急に必要であったし、実際に啓蒙主義者の側からも、その敵対者の側からも要求されていた。その主たる動機は、事柄そのものに関わる問題というよりも、むしろ自身を擁護する必要であった。啓蒙は、外部からもち込まれたさまざまな理解や、仲間うちで展開された多くの理解に対して、正統的な理解を提示しなければならなかった。また「誤って」理解された啓蒙——しかも敵対者のみならず、味方にも思い込まれた不適切なイメージ——と「真の」啓蒙を区別しなければならなかった。そのための最初の切っ掛けとなったのはおそらく、(神学以外では) 新たな感性の文学運動、すなわち「疾風怒濤」(Sturm und Drang)——悟性の文化を推し進める代わりにより多くの感情と生命をにわかに要求し始めたある種の青春の反乱運動——である。なるほど、啓蒙主義者はたいてい啓蒙の実現可能性を過大評価してはいたが、彼らのなかにも、懐疑主義的な経験主義やカント哲学における理性の自己批判を通じて、悟性と理性に対する信頼を弱め、啓蒙の可能性を疑問視する者もいた。

自己啓蒙のための最も重要な圧力は、政治の世界から生じた。まずは、民衆を欺くことの正当性に関して、フリードリヒ二世によって提起されたアカデミーでの問題であり、それに次いで、プロイセンの王位交替以降生じた、旧来の政治的・宗教的勢力の再強化、そして何よりもフランス革命である。啓蒙主義の敵対者は、中傷を狙って、フランス革命を啓蒙主義の直接の帰結と解釈したほどである。そのために、ドイツにおいて啓蒙主義は守勢に回り、防御のために自らを「真の啓蒙」と定義する必要に迫られた。この場合、自分自身を定義することは、自分自身を乗り越えることを意味したのである。

ドイツ啓蒙主義の自己定義は、防衛を目的としていたために、多くの面で戦略上の制約を受けている。反啓蒙主義や疑似啓蒙主義を失効させ、「真の」啓蒙主義をできる限り無難に（たとえば、きわめて形式的に）定義せざるをえなかった。反啓蒙主義や疑似啓蒙主義の側でも、（真摯な動機からか、戦略上の理由からかはともかく）同じ定義を用いることが可能であったし、それぞれが自らを真の啓蒙主義者とみなし、相手を偽の啓蒙主義者ないし反啓蒙主義者となじることができたのである。しかしながら内容的には、ドイツ啓蒙主義が常に追い求めた一般的傾向、つまり理性への希望という理念に沿った改革路線があくまでも肝心である。ドイツでは国民的・宗教的統一が不十分であったため、フランスを模範とした革命は不可能であり、大半の啓蒙主義者は、フランスと異なり革命は不必要とも考えていた。加えて、フランス革命が辿った危険な経緯を見れば、その種の革命はますます望ましいものとは思えなくなっていた。啓蒙主義は本質的に理性を目指し、殺人的あるいは自滅的な暴挙を目的としているのではない以上、与えられた状況で最善のことをしなければならない。啓蒙主義は、自ら実現した進歩を台無しにすることがないように、既存の確かな足場を妥協によって守り、最大限に善意の解釈で評価すべきであり、その際に、思想的・政治的に強化された復古運動になびいてはならない。同時に啓蒙主義は、対抗勢力による諸制度に道徳的圧力を加えることができたし、改革が遅れるようなときは、政治的革命の危険をちらつかせて脅しをかけることもできた。そこで啓蒙主義は、ドイツにおいてすでに文化的な公共性とも言えるものを形成し、一種の文化国家を作り上げたのち、最後の段階で政治的国民の基盤としての政治的公共性を構築することができたのである。とはいうものの最終的に啓蒙主義は、すでに改革主義的啓蒙を分裂から守るだけの力を失っていた。真の啓蒙による改良の「プロジェクト」は、いつの世にも現れる革命と反動の両極端に引き裂かれていた。「改良の継続」が途絶えると、分裂した両者はそれぞれ啓蒙に敵対的な陣営と、啓蒙を捨てた陣営へと分かれていったのである。

啓蒙主義をめぐる争いは、単なる名称をめぐる争いのようにも思える。ある特定の方向が真の啓蒙、ないしその名にふさわしい唯一の啓蒙と呼ばれる。しかし、名称をめぐる争いが生じるのは、その名称が、やがては不可欠となるような理念をあらわしているためである。正しい名称をめぐる争い（今日ではたとえば、「自由」という語をめぐる争い）が偶然に起こることなどありえない。啓蒙主義の従来の狙いを逆転するような、いわゆる反啓蒙主義が真の啓蒙主義と名乗るような試みに際しても、名称をめぐる争いは同様に生じる。そのために、新たな革命家たちは、新たな反革命家と同様に、自分たちこそ真の啓蒙主義者であると自任し、それまでの改革主義的啓蒙主義を、異なった側面からではあるが、誤まった啓蒙主義として、無軌道ぶりや無力さを批判するのである。「真の啓蒙」という概念が、（改革、革命、反動といった）さまざまな目的の隠れ蓑に用いられると、この標語をめぐる争いはいよいよ無意味に思えてくる。いずれにしても、「真の啓蒙」という概念の濫用――たとえば、事実上の反啓蒙主義や、実際には蒙昧をもたらす疑似啓蒙主義さえ「真の啓蒙」と呼ぶこと——を批判するなら、そのこと自体が、(「真なる」)啓蒙の規範となる概念を前提していることになる。

啓蒙主義者が真の啓蒙の概念に関する論争に関わり(とりわけ真の道徳的宗教に関してこの概念を用いたカントも含めて)、自己評価のある種の危機に際して、従来の形態の啓蒙主義を超克することで自らを啓蒙主義者と定義するところから、新たな世代は(この種の啓蒙主義や、啓蒙主義の自己規定とはさほど深い関係になくても)別種の「高次の」啓蒙主義を探求し、従来の啓蒙主義を超えた思考を手がけるようになった。彼らにとって、その一世紀ほどで啓蒙主義が獲得したものはすでに自明であり、もはや関心の的とはならなかった。十八世紀の最後の世代は、新たな感受性、「疾風怒濤」運動、カント哲学、フランス革命の刻印を受けている。啓蒙主義のお定まりの思考経路、あるいは「啓蒙主義」という言葉そのものが、人をうんざりさせるようになった。若い世代の哲学者たちは、彼ら自身の自己理解に沿って、カントをも否定的に評価し、啓蒙主義の克服者というよりは、啓蒙主義の(中途半端な)完成者とみなした。とはいうものの、新世代の思想家たちが(少なくとも当初は)啓蒙主義の継承者ないし完成者を自負するのも稀でなかった。徹底した啓蒙主義者として歩み出したフィヒテは、啓蒙主義を「高次のものに高め」ようとした。ヤコービ(Friedrich Heinrich Jacobi 一七四三—一八一九年)とシェリングは、啓蒙の発展的展開の理念から出発しているし、ヘルダーリン(Friedrich Hölderlin 一七七〇—一八四三年)にいたっては、はっきりと「高次の啓蒙」について語っている。当初は啓蒙主義の世界知(世間知としての哲学)に対抗して「高次の知恵」を探求していたヘーゲルでさえも、自らの哲学を、いまだ「不十分な」啓蒙主義の実現と理解していたのである。(2) しかしながら、カント以降、そしてフランス革命以降の世代は、理念的・現実的条件、あるいは精神的・社会的前提の変化にともなって、十八世紀の啓蒙主義から離れ、ロマン主義へと転向していった。ドイツ観念論は啓蒙主義の継続的発展ではなく、啓蒙主義の破綻の現れであり、新たな出発、ないし新規巻き戻しの表現であった。全体として見るなら、ドイツ観念論は、ドイツ啓蒙主義の失速というよりは、フランス革命の挫折から生じた。いずれにしても、新たな哲学の多くのものは、既存の思想の変形にすぎなかったにせよ、独創的な考えが登場したという印象は圧倒的であったし、それによってカントやカント主義哲学でさえ影が薄くなったほどである。しかし、ここで時代の連続性より非連続性が優るように見えるにしても、連続性はあいかわらず、新しがりやの人びとやその後継者が思っている以上に頑として存在していた。

新たな精神性は多くの分野で現れたが、宗教・道徳・芸術、そして哲学の自己理解の刷新が大元となっていた。初期啓蒙主義は正統派への反逆、のちには敬虔主義への反抗という制約を受けていたため、まずは自由な思考の領域を勝ち取らなければならなかったが、十八世紀最後の世代は、すでに宗教とかなり自由な関係にあった。（教会における）伝統的なキリスト教信仰は、宗教批判や宗教史の記述が増すにしたがって、いまや歴史的な意味での信仰にすぎないとみなされるようになった。ドイツ観念論の哲学者は多くが神学者くずれであり、教会の神学と縁を切って、思弁的な哲学者として、自由な神学者、「真理の司祭」となった人びとであった。道徳的な啓蒙主義者と異なって、ドイツ観念論の哲学者は神を求める人びとであり、それゆえ歴史哲学者でもあった。彼らはもはや、救済史の考えによって啓示宗教を批判するのではなく、むしろ啓示宗教を歴史的に理解し、その意味を見出そうとしている。いまや哲学は、絶対者へと向かう自由にして理性的な上昇である。哲学自体が神への奉仕であり、キリスト教の役割を引き受けたが、哲学というかたちを取る以上は、常に汎神論、時には無神論と隣り合わせでもあった。そのためにドイツ観念論は、制度的なキリスト教と創造的な仕方で訣別し、同時に新たな離叛と進展へ向かった。道徳はすでに主たる関心ではなくなった。ひとつには、道徳の理論的定式化はカントにおいてある種の頂点に達していたからであり、ひとつには、実際問題として、政治的関心が道徳的関心を上回り始めたからである。さらに啓蒙主義的道徳の内実が陳腐なものと受け取られるようになったのも大きい。若きフィヒテにとってのみ、道徳はいまだに絶対的な指標であり、まさに無神論的な代替宗教ではあったのだが。いまや道徳への「逃走」ではなく、芸術への「逃走」が起こる。ドイツ啓蒙主義の前半においては、（偉大な国民的芸術が存在せず、教会の宗教の外では、絶対者がまず道徳の形態でのみ認められ、これに対して芸術は非理性的なものと斥けられていたため）芸術の問題はほとんど関心を惹かなかったが、いまや芸術は、啓蒙主義における感覚の復権、とりわけ「美学〔感性論〕」（Ästhetik）における感覚的知覚の再評価を基盤として、かつて排除されていた絶対者が現象する特別の場とみなされるようになった。周知のように、ドイツで（バウムガルテンによって）命名された「美学」は、美の規則の呈示や趣味に対する反省に尽きるわけではないし、またそう受け取られることもなかった。むしろ美学は、当初は認識論的な、やがては形而上学的な意味合いをもった哲学的な学問として構想されたのである。すでにカントは、感情を驚きで満たす二つの事柄として、内面における道徳法則と、天上の星々を挙げていた〔カント『実践理性批判』巻末参照〕。すなわち、芸術よりも〔天上の星々という〕自然に現れる崇高なるものが、「汝なすべし」という純粋に道徳的な経験と並んで、ある種の（道徳的でもある）美的経験として指摘されていた。他の同時代人とカントの後継者たちにとっては、今日までの多くの人びとにとってと同様に、芸術は特権的な意味での形而上学的経験となる。芸術は、哲学が絶対的な権限を握る真理認識を完成させるものではないにしても、その予備段階ないし先取りとみなされた。

いましがた示唆したように、この時代には関心の変化が見られるが、それは同時に、「自由」と「理性」の概念が、「徳」と「悟性」という標語の優位を崩し、新たな位置づけを得るところにも現れている。「徳」と「悟性」という言葉はあまりに酷使された挙句に、一八〇〇年頃には、明らかに威光を失っていた。悟性（intellectus 知性）は、古くから一般的に高次の精神的能力として、すなわち知的直観の能力として理解されてきたため、啓蒙主義はもともとは「悟性の啓蒙」を目指していた。これに対して「理性」（ratio）は、正しく健全な理性である限り、実践的な観点においては前提となる基準ではあるが、本来は論証に関わる能力（ratio qua ratiocinatio 推論としての理性）とみなされていた。しかしながら、十八世紀が進む中で――ここでは十分には論じられないが――さまざまな理由から、「悟性」と「理性」の概念と、両者の関係についての評価が根底から変化し、その結果、のちのカントでは、その序列がはっきりと逆転するにいたった。そのため、カントの用語法を引き継いだドイツ観念論にとって、「悟性」はなんら魅力ある標語ではなくなった。悟性はいまや、思考の最下層として、多かれ少なかれ機械的な思考能力とみなされ、空虚で生気のないものとみなされる。とりわけ啓蒙主義の悟性は、新たに発見された現実の「深み」をまったく理解することができなかったのである。啓蒙主義の悟性は、「底が浅く」「平板」であり、ドイツ啓蒙主義がすでに示していたように、「抽象的思考に対する狂信」（ヘーゲル）へと走りかねなかった。のちにここから、より高次の理性に対する普遍的な探求が始まり、例によって悟性はともかく理性の内へと止揚される。「理性」の格上げが始まるのである。そこでは、「悟性」と「理性」の二つの概念の古くからの密接な関係が、まずは「合理主義」を堅持させることになった。悟性に依拠し、悟性を前提とする理性は、たとえば常に学問を足がかりにして、学問を自らの模範とみなす。同時に、特に十八世紀後半に「感情」や「情熱」の標語の下に、啓蒙主義運動の周辺や外部に一括りにされ、敬虔主義や音楽などに一種の捌け口を見出していた一切のものが、こぞって力を振るい始める。それと同時に、理屈っぽさに代わって、しばしば新たな「感傷」が現れる。こうして、(当初は高次の理性の旗印の下にではあるが)一般的な精神性が事実上、「非合理主義」へと転じていった。そこには、「精神」の概念を高く評価する典型的にドイツ的な傾向がともなっており、「魂の敵対者としての精神」にも平板さの烙印が捺される。そしてついには、合理主義と非合理主義という、今日では一般的な区別が、さまざまな領域に見られるようになった。

こうしたことは、もちろん現実の実践を巻き込み、その前提になり、実践理解に影響を及ぼす。すでに見たように、啓蒙主義とは始めから、悟性の啓蒙以上のものである。それは、「意志の改善」を、したがって徳を目指していた。しかし、徳が事実上は市民生活の礼儀作法くらいに捉えられ、近代国家が市民と官吏とから成る法治国家へと発展するにともなって、理論的にはすでに自然法が以前から示唆していたように、「法」と「義務」という新たな概念が――とりわけフランス革命によって「法」が、カント哲学によって「義務」が――前面に現れた。同時に、哲学においても政治学においても、「自由」が万能の標語となった。なるほど、自由はかねてより啓蒙主義の目標ではあった。啓蒙主義は、自己解放や精神の純粋な向上として、常に自由を目指していたからである。自由がなければ真理を見出すことはできないし、真理はわれわれを自由にするというのがその理由であった。とはいえ、啓蒙主義の思考においては、（それが政治的な革命ではなく、宗教的な改革から始まったために）少なくとも実践的な観点からすると、自由ではなく、徳が表に立っていた。啓蒙主義の知的・道徳的観点と並んで、（政治的な観点だけではないにしても、それを含めて）解放としての性格が際立ってくる。初期啓蒙主義は、その道徳的・教育的目的にもかかわらず、法と道徳の体系的区別にもとづき、（世俗的な）法治国家の理念によって（キリスト教的）徳治国家の理念を押さえ込んでしまっていた。後期の啓蒙主義では、進歩的な啓蒙主義や、とりわけフランス革命の結果、元来は絶対主義的な法治国家が、ますます自由主義的な法治国家として、個人の自由を保障するものと理解されるようになっていった。それ以上に、政治的経験も相俟って、従来よりも明確に、自由はただ共同体の自由としてのみ可能であるとみなされるにいたった。少なくとも真の国家、あるいは理想的な人間の共同体は、自由の領域と考えられた。それはまた同時に、理性の領域でもあり、必要や悟性にもとづく啓蒙主義の国家――単なる契約として再構成された個人主義的・自由主義的な法治国家――の枠を超え出ることになる。

十八世紀末に予想された精神性の変化は、すでに啓蒙主義の第一段階ないし第二段階で思想的な頂点に達していたイギリス・フランスと異なって、ドイツでは、多くの天才的な思想家たちが一時に輩出したという事情も手伝って、きわめて急激に成し遂げられた。天才たちが続出したため、他の国にもまして、従来の啓蒙主義への関心が薄らいでしまった。新たな精神を推進する人びとは、当然のことながら、すぐ前の世代や同時代人から自分たちをとりわけ明確に区別しようとした。それは、哲学を再び自らの使命と理解する彼らの自己意識からすれば難しいことではなかった。悟性という傲慢の代わりに、幻想という慢心が現れる。（カントをも含めた）ドイツ啓蒙主義は、軽蔑されるべきまったくの過去と成り下がったのである。このように断絶が顕著となったため、ドイツ啓蒙主義は、それまで容易には認められていなかったにもかかわらず、明確に区切られた一時期となった。ドイツは、遅れた啓蒙主義の土地であったが、やがて忘れられた啓蒙主義の土地となったのである。

しかしながら、真正にして高次の啓蒙主義をめぐる争いにはさらに先がある。これらの概念は、十九・二十世紀においてはもはや目立った役割を演じはしない。真の理性あるいは高次の洞察を自称する多くのものは、十八世紀の批判的合理主義者の目には、「霊視者の夢」と映ったことだろう。もとより、内容的には、マルクス、ニーチェ、フロイトなどを、さまざまな点から啓蒙主義の継承者とみなすことはできるし、「啓蒙主義」という概念もたびたび必要とされてきた。真にして本来の啓蒙主義を求める傾向は、予想に反して、ヤスパースやハイデガーといった、啓蒙主義を批判する現代の思想家においてさえも、見出すことができるのである。(3)

(三)　啓蒙の乏しさ

啓蒙主義（課題あるいは出来事としての啓蒙）をめぐる争いは、長い時代を経ながらも終結にいたっていないし、いままさに再燃しているようにも見える。ある人にとって啓蒙主義とは、いまだに魅力的なスローガンであり、ある人には気に障る言葉であるにしても、やはりキーワードであることに変わりはない。一方では、理性と自由が啓蒙主義の中心的要求として繰り返し主張され、また他方では、啓蒙主義の欠陥や帰結が非難されている。啓蒙主義の「悲惨」に対する批判が、啓蒙をさらに推し進める要求と並んで生じている。従来の啓蒙主義の欠陥や失敗、および啓蒙主義の悲惨を訴える声が上がるかたわらで、万人にとっての理性的自由や思考の自由が要請されているのである。啓蒙主義がしばらくのあいだ流行語になるかと思えばまた下火になり、さまざまな神秘的なものにとびつく傾向が露骨になるといった具合である。知的な抵抗力が弱まり、新たな啓蒙のキャンペーンがふたたび必要になっているようにも見える。しかしながら、歴史的現象としての啓蒙主義を近代における主要な事件と理解したうえで繰り拡げられる啓蒙論争は、もとより近代をめぐって広範に展開された論争のひとつにすぎない。その論争では、理性と自由の未来に関わる議論は、過去の克服というかたちで捉えられており、さらに近代の本質や科学や技術の意味をめぐる論争、そしてデカルトやカントに関する論争へと波及する可能性をもっている。

すでに示したように、啓蒙批判は実に多様な方向を含んでいる。従来の啓蒙は行き過ぎであるとか、不徹底であると非難し、その欠陥や一面性に苦言が呈され、その曖昧さや、挫折なり自滅が確認される。「啓蒙の弁証法」〔アドルノ／ホルクハイマー〕、「啓蒙の失策」(4)、「啓蒙の空騒ぎ」(5)、「啓蒙の悲惨について」(6)といった言葉が、こうした多様な観点を際立たせている。形式的にはそれらはすべて同様のことを語っている。少なくとも意識的か否かを問わず、いずれも真の啓蒙や高次の啓蒙を要求しているのである。歴史的現象としての啓蒙主義の欠陥や一面性についての体系的啓蒙もやはり啓蒙ではある。啓蒙主義批判も啓蒙に変わりはないからである。現代の啓蒙主義批判も、啓蒙主義の本来の本質や、真の啓蒙主義の概念を前提とし、それによって十八世紀の啓蒙主義を裁断するきらいがある。十八世紀啓蒙主義は理性概念を切り詰め、従来の啓蒙主義は自らを実証主義的に誤解して自己解体を招いたとする決め付けや断罪も、潜在的に真なる啓蒙主義を想定し、現実の啓蒙主義をそこからの逸脱と捉えているのである。そのような啓蒙主義批判は、現実の啓蒙主義が本来目指さなければならなかったはずの高次の啓蒙主義を要求することが多い。それによると真の啓蒙主義とは、たとえば（自分自身のあり方に関して）啓蒙された啓蒙主義でなければならないし、基盤となる理性概念に適うものでなければならない。この場合、合理的な啓蒙主義がことごとく非難されているように見えるにしても、現代の啓蒙主義批判が、そうした啓蒙主義の土壌から育ってきたのも確かである。そのため彼らは事実上は、啓蒙主義の「啓蒙」を試み、それを高次の洞察や解明、真なる啓蒙や高次の啓蒙と呼ぶことになる。ある種の啓蒙主義は、啓蒙主義批判をも自らの一部としなくてはならない。それは、「啓蒙主義」がけっして廃れることのない標語だからではなく、すべての認識の真理要求が、「真に」新たな真理の要求、「より明晰な」真理への要求に照らしてのみ（規範としての真理との関係においてのみ）評価されるからである。

しかしながら、啓蒙主義への批判が自己論駁に至ることをこのように形式的に示してみたところで、それで話が終わるわけではないし、内容についての議論を棚上げすることはできない。いかなる認識批判の議論にも自家憧着が避けがたいからといって、それによって矛盾が正当化されるわけではない。それゆえ、合意を可能にするためには、すべての批判を受けて、啓蒙主義の乏しさをあらかじめ認める必要がある。いかなる人間も、啓蒙だけを求めているわけではなく、啓蒙以上のもの、あるいは啓蒙以外のものをも望んでいるのである。啓蒙は自己目的ではなく、必要とされている真理――おそらく到達不可能な真理――へ迫る手段なのだ。純粋に理性的な啓蒙主義では、救いや奇跡を説く者に太刀打ちできない。認識された秩序や構成された秩序は確かに正しいかもしれないが、それは何ら驚くべきものを作り出せないし、奇跡を望む人びとを満足させられないだろう。日常生活の退屈は、絶対者に対する要求の現れでもあり、まさに明晰さや啓蒙主義とは別の満足を求めているのである。奇跡への期待も、往々にして、絶対者に対する要求の反映にほかならない。啓蒙や哲学というものは、そのような期待を満たすことはできない。しかしそれは啓蒙や哲学が本質的に「否定的」なものであるからではない。啓蒙は、潜在的には恒久的な批判として一切を相対化し、有限化と客観化を行い、対象化する認識である。啓蒙そのものは何ら充足をもたらすものではない。そうした充足感を与えるには、啓蒙そのものが、絶対者の認識や神の直視でなければならなくなるだろうし、少なくとも、偽の啓示を批判する代わりに、「絶対者への窓」を開くものでなければならないということにもなろう。しかし実際の啓蒙は、喜びの祝祭ではなく、慰めのない務めなのである。

（一）啓蒙は終わりがないために、慰めのない務めである。啓蒙はシーシュポスの労苦〔果てしない苦役〕なのだ。啓蒙の問題は絶えず新たに生まれてくる。それは、生まれ落ちるや否や、生まれついての無知ゆえにただちに偽の知識を信じ切ってしまう人間とともに生じる。啓蒙の完了した世界などは存在しえない。とりわけ啓蒙は、実際上、成果が確認できないも同然であるため、終わりがないままである。問題が無数に存在することを考えるなら、達成しえた解決など無に等しい。啓蒙が、若干の光を投げかけるのに成功するのは、ほんの一瞬のみなのだ。

（二）啓蒙は単調であるため、慰めのない務めである。啓蒙は、われわれの個人的・集団的な実に多様な幻影を打ち砕き、ある種の「白紙状態《タブラ・ラサ》」を作り出す。あたかも、われわれの工業文明がその結果として、生活の文化的な多様性をことごとく平準化してしまうのと同じである。神々の姿に代わって、乏しい少数の原理が世界規模で拡がっていく。真理（これまで真理として通用してきたもの）が世界共通となり、コンピューターの次元で処理される。啓蒙は、否応なしに内容空虚なものとならざるをえないように見える。かつては本質的真理とみなされていたものが、単なる迷妄として多様なかたちで暴露〔啓蒙〕され、排除される。いまやわれわれは、「啓蒙された」。しかし、それからどうなるというのだろう。

（三）啓蒙は本質的に否定的であるがゆえに、慰めのない務めである。啓蒙は、確かに真理の発見を目指しているが、批判である以上は、まずは偏見を崩すところから始める。要するに、啓蒙の始まりは肯定ではなく、破壊である。啓蒙は否定として、まだ解明〔啓蒙〕されていないものに関わる。したがって啓蒙は、残存している闇や、批判の対象を自らの糧としているのである。啓蒙とはもともと寄生的なのだ。それは、単に二次的な反省の文化であり、破壊の相手を命の源としている。時代としての啓蒙主義は、かなり不毛なメタ文化であり、「口やかましい時代」である。それはせいぜいのところ、漠然とした期待によって生きている。しかし啓蒙主義はもちろん、意に反して自ら創り出し、そしてやがては自ら攻撃し破壊せざるをえなくなる幻想によって生きてもいる。啓蒙でさえも、やはり自身の幻想を生み出すのである。歴史的に距離を置いてみると、十八世紀がどれほど誤った希望に支えられているかが見えてくる。十八世紀は、啓蒙主義が本来認めるはずのない、世俗化されたキリスト教の残滓を、自らの糧にしているのである。啓蒙主義はいかに否定的なものとはいっても、おそらくはいつでも積極的な要素を隠しもっているのだ。

（四）啓蒙は希望を打ち砕くがゆえに、慰めのない務めである。啓蒙は、「汝恐れることなかれ」をあらためて教えるために始められた。しかし光は、悪しき霊だけでなく、善い霊をも追い立てた。「幽霊屋敷」は何がなんでも撤去されるべきというものでもない。言い方を換えれば、われわれの恐れを取り去るものが、同時にわれわれから希望の大半をも奪ってしまったのである。いわれのない不安が取り除かれた代わりに、誤った希望も一掃された。不安が残って、希望だけが潰えたことも稀でない。ただ正当な希望だけがかろうじて残された。それにしても、これまで啓蒙主義がもたらした新たな真理——仮にそうしたものがあったとして——は、古い真理よりも際立って良いというわけでもない。救いをもたらすはずの念願の真理は、到達されないままいよいよ姿を消しつつあるのだ。

啓蒙を批判する人びとは、自分たちの正しさがどれほどのものかわかっていない。啓蒙は、真理への希望に支えられているが、一方で退屈で単調なシーシュポスの労苦でもある。否定のもつ魅力が色褪せるや、啓蒙そのものは特段に言うべきものがなくなってしまう。啓蒙は抵抗を自らの力としている。つまり、特定の仮象に対する抵抗や、仮象そのものに対する抵抗を命としているのである。啓蒙は、パンの代わりに石のみを差し出すため、手を変え品を変え現れる救いの教えに張り合えるものではない。啓蒙はそうした救いの教えを批判するものでしかない。他方で、従来の啓蒙はすべて、その前提に自信をもちすぎてもいる。啓蒙は真・善・美を目指しながら、本当の意味での真・善・美を見出していないため、望んだものの対極に到達してしまった。それまで通用していたものに疑問を抱きはしたが、究極的なものを確立したわけではない。啓蒙はつまるところ、誤った信念によって、自らの使命に対する信念を失い、いわば自分で自分の首を絞めた。救済の真理に対する信仰を打破して、世界の破壊にも道を拓いてしまった。万人にひとつの拠りどころを与えるどころか、既存の一切の拠りどころを奪い、人類を寄る辺ない状態へと陥れたのである。それ以来われわれは、支えもなく落下しつづけている。

啓蒙に対するこうしたあれこれの批判はあまりに誇張しすぎと思われるかもしれない。おそらく従来の啓蒙はいまだ真の啓蒙ではなかった。啓蒙は祝宴ではないというのは、あいかわらず本当である。啓蒙は、少なくとも真理をいまだ見出していない限りは、破壊的なのである。なるほど啓蒙は真理を目指して、より良い真理への希望と、いまだ吟味されていない真理を前提に批判を行う。しかしこのような反省の過程は、人為的・強制的に中断しなければ、いつまでも終わることはない。啓蒙主義者や、自らを啓蒙する者は、信仰をもつことがますます少なくなるが、かといって究極的で積極的な知を獲得することもない。そうなると、「否定的」な啓蒙などに加わる気も失せようというものだ。

それでは、何のために啓蒙が続けられるのだろうか。この問い自体は再び解明〔啓蒙〕が必要であるため、自己矛盾に陥っている。それゆえこう問うことにしよう。何が啓蒙の代替案となるのか、と。われわれは、無邪気な未成年状態の楽園から、おそらくは半分は自分たちの責任で追放されてしまった以上、自己保存の原理からして、さらに前へと進んで逃げる以外に選択の余地はない。確かに後方への逃走、つまり「知性の犠牲」による新たな未成年状態への逃走という誘惑もある。しかしこれは最終的に神経衰弱に陥るだけだろう。思考を疑うには、やはり思考が必要である。疑いにさらされるのは、特定の思考なのであって、思考そのものではない。哲学に対しては哲学的に反駁しなければならない。したがって、哲学そのものは原理的に肯定される。哲学者をただ打ち殺そうとするのでなければ。

こうして、すでに見たように、啓蒙を批判する人びとも、何らかの真なる洞察や高次の知を主張して、暗黙のうちに真なる啓蒙や高次の啓蒙を要求している。そのため自己啓蒙的な啓蒙主義は批判者を自らの敵とみなすのではなく、むしろ自分の行いを自覚していない迷える兄弟とみなすことになる。批判者たちもまた、「理性」を増大させようとしていることに変わりはないからである。つまり、啓蒙主義批判そのものが啓蒙の一部なのである。啓蒙とは、常に啓蒙に関する啓蒙、自ら固有の可能性に対する自己批判的な反省にならざるをえない。啓蒙批判は、啓蒙をめぐる争いであり、いまだ啓蒙されていない自らとの闘いなのである。

(四) 課題としての啓蒙

十八世紀啓蒙主義の形成と、啓蒙をめぐる現代の議論とを考慮するなら、啓蒙の将来がどうしても気になってくる。啓蒙にはどのような将来があるのだろうか。(予言の誘惑を振り払うべく) 端的にこう問いなおそう。今日から見て、啓蒙には未来はあるのか、と。それはこういう問いでもある。従来の啓蒙が一方でその課題を実現しながら、他方で満足できないとみなされるのなら、啓蒙とは何のためになされるのか。今後も啓蒙が必要だと主張するなら、次のように問わねばなるまい。今日では不信を抱かれている啓蒙は、そもそも将来に見込みがあるのだろうか。こうした問いを前にして (たとえば自らの無能力を言い訳に) 逃げ出すのでなければ、まずは「啓蒙」という言葉で何を理解しているのかを――それも歴史的な意味ではなく、体系的・綱領的観点から――明確にしなければならない。綱領を作ることは、実践の第一歩である。認識をあえて主張へと強め、認識の意欲を実現の義務に転じなければならない。

概して「啓蒙」という語を強い意味をもつものとして定着させようとするなら、まず押さえておかなければならないのは、その場合には認識が何らかのかたちで問題になり、しかも特定の内容ではなく、

(認識の意欲にもとづいた)特定の様式や態度を考えなければならないという点である。真理こそが啓蒙の安息の地なのであり、啓蒙は明晰さを通して真理を探究する。そのため啓蒙にとっては、カントの言葉を用いるなら、理性こそが真理の究極の「試金石」なのだ。啓蒙は、精神的な公共性を要求するのであり、主観的には明晰に、客観的には正しく思考する姿勢を求める。啓蒙とは、隠された事態の開示、闇に閉ざされた事柄の解明を目指し、とりわけ(狭義には)混乱を解消し、未解明で見かけだけ明晰な事柄や概念、自らと他者の表象を解き明かそうとするのである。こうして啓蒙は、(情報として)無知や誤謬に抵抗するだけでなく、何よりも(批判として)見かけだけの真理という誤った仮象、一面だけの真理に立ち向かう。したがって広義の啓蒙とは、内容的に多様な意味合いをもっている。すなわち、何ものかを無知や隠蔽の暗闇から引き出し(発見)、何ものかを偽の認識の混濁や混乱から解放・浄化し(明確化)、独自のあり方や構造に即して明らかにし(分析・解明)、他のものと明確に分離する(区別)といったことが、そこには含まれる。

啓蒙はいかなる人間に対しても、真理を心から欲し、自ら考えるように求め、既存のおそらくは権威ある図式を機械的になぞって考えることを、はっきりと批判する。自由な思考としての正当な認識は一般的に、精神が自ら自由を獲得すること(自己解放)を前提とする。自由のないところに理性はありえない。そして自由もまた、まずは自力で自らを見出さねばならない。啓蒙とは、自分自身の思考の解放であり、しかもそれを自力で(思考と自由によって)成し遂げなければならない。理論的に見るとこれは循環だが、実践的にはいつでも解決されうる。自力で考えることによってのみ、思考はその名に値するものとなるが、自力で思考するために不可欠な認識を獲得するには、その認識を可能にする自由を自らの力で手に入れなければならない。思考は、内的・外的な障碍から自由になり、他から課せられたり自ら作り出した思考の制限や、不当で非合理な強制から解き放たれなければならない。恒常的な自己否認に陥らない内的な自由のために必要な外的条件を要求する以上、啓蒙は純粋に精神的な自己啓蒙のみで完了するわけではないという実践的側面が浮上する。啓蒙は真理において成し遂げられるが、それは単に世界内の一切の存在から隔絶された認識ではなく、真にして正しい生を可能にすることを目的としている。その限りで啓蒙そのものは、実践としての自由を目指している。世界は、自由に対する理性の要求に即したものとならなければならないのだ。もちろん啓蒙に努める者は、ただちに全世界が彼にとって快適なものになるよう要求することはできない。啓蒙とは常に、不幸な世界の啓蒙なのである。

本質からすると、啓蒙はまずは自己啓蒙であり、自由な思考による自己実現であり、正確には、事象の啓蒙による自己啓蒙である。問題となる事象はさまざまだが、対象や関係、自我や他我、社会といったものが扱われる。私がいわば最初に啓蒙するのは私自身である。なぜなら他者を啓蒙するには、私自身がまずは啓蒙されているか、せめて啓蒙の途上になければならないからである。そうしてはじめて──教育的・人類愛的動機を度外視するとして──たとえば自己保全やより良い社会への希求などのさまざまな理由から、他者の啓蒙ないし他者の自己啓蒙に配慮できるのであり、またそうすべきなのだ。こうして自己啓蒙は自身の内的構造の変貌において、他者の啓蒙、すなわち通常使われている狭義の啓蒙へと転じる。啓蒙は、思考に先立つ思考、いわば「前を照らす光」（カント）である。私は他者に情報を与え、批判的な態度を身につけさせ、解放する。つまり、他者を啓蒙し、自己啓蒙へ導くのである。理性と自由は強制できない以上、他者がそれを望まず、自ら理性と自由を欲しないなら、他者の啓蒙は自己啓蒙の勧告にとどまり、思考の援助や、間接的には生の援助、つまり可能な「自助努力の援助」を示唆するにすぎない。極端な場合、その場で自助努力の準備ができていない者になりかわって、（自己を抜きにした自己実現のようなかたちで）特定の思考および行為を押しつけ、その者の代わりに（哲学や政治学として）自己啓蒙の思想的・現実的障碍を取り除くことになるだろう。

こうして啓蒙は、他者の理性と自由を真に尊重するのでないなら、自らを裏切り始め、自力で思考する成熟を要求しながらも、逆に未成熟を強要することにもなりかねない。他者のために自分が共に理性的であらねばならないという義務は、他者の代わりに自分だけが理性をもつという特権を意味しない。啓蒙とは、他者は病気で自分は健康だと決めてかかるような治療ではない。さもなければ、それは「啓蒙の強制」や独善的な教条化、強制治療となるか、自分の敵は啓蒙の敵とばかりにすべての他者と闘うことになってしまうだろう。哲学としての啓蒙は、悪しき意味での政治としての啓蒙、単なる戦略に堕してしまう。もちろん誰しも万能ではないし、私がすべての人のために一切を引き受けられるわけでもない。他者の啓蒙は、（事実上、標準事例にならない）極端な例外を除いて、せいぜいのところ共に考えようという招待にすぎないのであり、発見されたと思われる真理を議論の俎上に載せる提案程度にとどまる。ただそのおかげで他者の啓蒙は危険な一面化を免れる。啓蒙は相互的な他者啓蒙、または集団的な自己啓蒙となりうる。宣教ではなく、コミュニケーションとなるのだ。

こうした形式的な素描は有益であるとしても、そこから現在および将来に関して、啓蒙のいかなる具体的課題が生じるのだろうか。あるいは、啓蒙の課題として何を考えればよいのだろうか。もちろん、思考の自立を勝ち取ろうとする啓蒙は、哲学と同様に、基本的に外部から何らかの課題が与えられるものではない。自由な思考は、自らの課題――自らが目指すものを総じてそう呼ぶなら――を自分で見つけなければならない。しかし自由な思考は、現実に立ち向かって、与えられた現実を課せられたものとして経験し把握したときにこそ、自分の課題を見出すのである。啓蒙の任務は、自発的に義務を引き受けることであっても、それはやはりそのつどの歴史的状況の制約の下でのみ実現される。自己規定的な思考は、自らが規定したのではない環境の下、必然的に移り変わる関係の中でなされる思考である。つまり現実に関わる啓蒙の課題は、そのつどの歴史的条件とともに変更される。もちろん、所与の条件が自動的にそれに対応する思考を生むわけではない。啓蒙が何を目的に召喚され、求められるのかは、前もって言うことはできない。それは、自由な思考そのものが決定することである。その限りで、自由な思考は啓蒙の綱領を示すものではないし、ましてや長期的・具体的綱領を提示することもありえない。啓蒙は本来「プロジェクト」ではないし、実際に計画するなどできるはずもない。内容的に普遍的で究極的、しかも規範的な啓蒙概念などはおよそ存在しえない。最も形式的な啓蒙概念といえども何らかの内容があるだろうし、規範ともなるだろう。他方で、認識としての「真なる」啓蒙も、実際のところは状況と利害関心に依存して変転する多数の啓蒙から成り立っており、啓蒙についての啓蒙であったり、あるいは複数の啓蒙に対する複数の啓蒙であったりする。徹底した啓蒙はいくらでもあるにしても、全面的な啓蒙などはありはしない。完全で(自己自身を)啓蒙し尽くした啓蒙というものも存在しない。すべての啓蒙は常に誤った啓蒙でもあり、すべての真なる啓蒙は、なおも真なる啓蒙を求めているのである。したがって、啓蒙の実現をめぐる論争においては、非真理が非真理と争っているのだ。それは、たいていは「不毛な」論争であり、責任をなすりつけ合うことで、泥仕合の様相を呈してしまうのである。

このような留保をつけたうえでなお啓蒙の「課題」を問うなら、まずそれは、原理的にいつでも同じで、古くからのものであると答えることになるだろう。啓蒙は、自己啓蒙として権威や偏見に対抗し、正しい思考として誤謬や迷信を反駁する。世界が一瞬にして改善されることなどありえない。啓蒙があいかわらずアクチュアルなのは、それが今もなお必要とされ求められているからである。啓蒙は、いつでも新たに蔓延《はびこ》る偽の真理の克服のために、いつでも新たに開始される。「山師」と「愚か者」は次々と現れ、人間が日々新たに生まれるように、無知や誤謬、錯覚や自己欺瞞も刻々と生まれてくるため、啓蒙は不死身の九頭の大蛇《ヒドラ》との闘いを果てしなく続けていく。幻滅が支配している現代では、人間が理性的存在であることをけっして放棄しないよう支えるのが、啓蒙の主たる役割となっている。啓蒙は哲学や政治と同様に、いついかなるときも脅威となる混沌に闘いを挑む。啓蒙は、意識の低さが社会的に日々増大し、今日では完全に個人の内面にまで浸透している状況と闘う。悪意か善意かはともかく、他人の意見を左右することに意欲を燃やし、今日ますます巧妙な手口を使う人びとがもたらす蒙昧化も、啓蒙の敵である。とりわけ、自己蒙昧化と未成年状態への逆行という誘惑が、現代ではかつてなく増大していることが問題である。いずれにしても、人間がいかに理性的な仕方で人間であろうと欲するのか、またいかにそれが可能なのかが、根本的な問いである。

そのために、現代でも通用する啓蒙の課題は、いまだ十八世紀と同じ言い回しで語られる。もちろん、カント以前の啓蒙主義と現代との直接の関係は考えられないし、カント以降の発展ももちろん考え直さなければならない。それでも啓蒙は、誤謬や無知と並んで、偏見や迷信、熱狂や狂信に抵抗するという点は変わらない。偏見への抵抗とは、理性ではなく感情・情緒に流された判断や態度に逆らうことであり、迷信への抵抗とは、恣意的ないし非合理的に「絶対者」を偶像化する姿勢に抗うことである。また、熱狂への抵抗とは、無批判で大仰な仕方で自らを絶対化することへの反抗であり、狂信への抵抗とは、固定した観念にこだわる頑迷固陋に対抗することである。こうしたすべての非論理的な態度は、旧来の、たいていは宗教的な形態のほかに、現代ではしばしば政治的な形態をとる。たとえば、さまざまな極論や、いかがわしく奇妙なイデオロギーなどがそれである。宗教的・政治的迷妄は、互いにほとんど見分けがつかないほど混淆して現れることも多く、いまだそれなりの好評を博し、大衆病理にまでエスカレートしていく。そうした迷妄は完全には根絶しがたい以上、すでに存在する迷妄を打ち倒すというより、普遍的な批判精神を広めることで、発生を抑止することが必要だろう。迷妄とは単に「悟性の脆弱さ」だけでなく、感情と精神が入り混じったより根の深い現象だからである。とりわけ今日はっきりしてきたように、偏見と迷信、熱狂と狂信は、まったく根絶できないだけでなく、その根底に何らかの積極的な要素を含み、否定的な現象形態をとってはいても、正当で代替不可能とも思える機能をも果たしているのである。

偏見はもとより非合理的で潜在的には危険である。偏見は性急で誤った判断として、認識の障碍になるだけでなく、先走った予見で認識を左右しかねないからだ。われわれは有限な知性をもつにすぎないため、純粋に実用的な理由から、選択的（折衷的）に認識するしかない以上、偏見は生きるうえで必要な役割を担っている。われわれは、十分な根拠をもたない判断（「先行判断」＝偏見）をもって生きるほかはない。では、正当な偏見と不当な偏見の境界線はどこにあるのだろうか。

迷信はもとより非合理的で潜在的には危険である。教会が誘導した旧来の迷信のみならず、政治的な奇跡信仰にいたるまでの、現代の粗雑で月並みな迷信も含まれる。しかし、疑う余地のない正しい信仰という「絶対的な」立場などありえないのであり、そのときどきで何が良い（「健全な」）信仰で、何がただの（「病的な」）迷信かを断定することはほとんど不可能である。実際上は、いかなる信仰も迷信であり、絶対者を偶像化する感情的な異端である。それらは知的・道徳的にいつでも疑わしくはあるが、そうした打ち消しえない欠陥にもかかわらず、避けがたいものに思われ、意味を与える地盤としては換えがたいものである。どこまでが理性的信仰で、どこまでが「許容しうる迷信」なのか。

熱狂はもとより非合理的で潜在的には危険である。自分の考えを無批判に信じたり、他人を軽率に賛美するのは、惑溺とまでいかなくても、現実から極端に遊離しがちである。しかし、人はそれぞれの仕方で自分の「直観」や「経験」を信じており、信念や熱狂、あるいは特別な「認識」への思い入れがなければ、肝心なことは何も起こりはしない。正しいと認識された事柄に情熱的に身を捧げることと、単なる「熱狂」との境界線はどこにあるのだろうか。

狂信はもとより非合理的で潜在的には危険である。感情的な視野狭窄（サッカーのサポーターから、宗教的・政治的に極端な独善主義者まで）は、怒りによってますます悪化するのが常である。もちろんいかなる行為も、ひとつの決断にもとづき、批判的な開かれた態度を一時的に閉ざし、ある一面のみを優先することで実行される。それでは、実践に不可欠の英断と、熱狂的な知的頑迷や情緒的な硬直との境界線はどこにあるのだろうか。

啓蒙の問題は複雑で、困難なものとなった。遅くとも十八世紀末から、啓蒙主義によって新たな状況が出現し、啓蒙は啓蒙そのものや、その意図せざる副産物に直面していることが、おおむね明らかになってきた。ここから多くの反啓蒙運動が生じ、啓蒙によって惹き起こされた損失を嘆き、(神話概念を援用して)啓蒙そのものが新たな神話なのだと批判してきた。しかし、理性と自由をあまねく行き渡らせるという、啓蒙が選択した道を基本的に堅持するなら、啓蒙は自らが直接・間接に生み出した状況や過程を直視し、起こりうる盲目化や、とりわけその歪曲、誤った自己イメージを問題にしなければならない。すでに後期啓蒙主義がそうであったように、啓蒙は自己啓蒙を推進し、自らの収支決算を行わなければならない。啓蒙は、いまあらためてその可能性と限界を問わなくてはならないのである。言い換えれば、啓蒙は自らの破壊力を自覚し、とりわけ「誤った」啓蒙の危険に気づかなければならない。啓蒙は常に「誤った」啓蒙となりうるし、しかもそれは従来の世界の破壊だけでなく、自己破壊の脅威でもある。

啓蒙とは本質的に破壊的であり、目指す真理を手にするために、非真理と思われるところを否定する。その限りで啓蒙は、また本質的に反保守主義である。既存のものは理性に対して自ら釈明しなければならない。しかし批判する権利は、あらゆるものを一旦「白紙」に戻す万能の力をもっているわけではない。啓蒙が錦の御旗としている真理は、期待される真理にすぎず、その真理自身も正当化されなければならないからだ。そして、過去の真理を前もって全面的に否認しなければ見えもしなければ実現もされない真理というのは、かなり空虚で疑わしいものだろう。いずれにしても、まずは真理が真理と争い、過去の正当・不当が、予想と希望の正当・不当と競い合う。そこでまず、目の前で一気に加速する変化と、深刻さを増していく破壊に関して、ひとまずこう問い糾してみるべきだろう。われわれはいかなる伝統を犠牲にし、いかなる将来、いかなる現実、いかなる理性を犠牲にしているのか、と。時代的にさまざまな段階が共存する（現代の）世界では、ある文化の原始的な状態が別の文化にとっては心躍る冒険の場と映るが、この場合、「慎重さ」という、これまで覆い隠されてきた啓蒙の側面が、将来の啓蒙にとって重要なものとして前面に浮かび上がってくる。それとともにまた、性急さという偏見に対する啓蒙の闘いが新たな実践的意味を獲得する。のちの時代に忘れられてしまった「性急さの偏見」は、ふたたび世界を性急さから守ることである。啓蒙の「新たな」課題である「慎重さ」とは、つまり、世威の偏見」と同様に注目されなければならないだろう。つまりそれは「現実を前にした懐疑によって」、いまだに破壊力をもつのである。

このように暗示された問題は、伝統と進歩、過去と将来、現実と理性との関係の問題として議論することができるだろう。もちろんこうした概念はきわめて難点が多く、曖昧ではあるだろうが。一見すると、あたかも（非理性的で疑わしい）現実に対して、理性が無制限に優位に立っているかのように思えるかもしれない。しかし理性がいまはじめて天から降ってきたという、おそろしく非理性的な想定をするのでなければ、これまで理性的なものと認められてきた現実が実は非理性的であったなどとは言えないはずである。現実は、これまで存在してきた人間の可能性という基準に即して理性的に形成され、理性的なものとみなされてきた以上は、（相対的には）理性的なのである。したがって現実はいつでも根本的に正当化の要求にさらされているというわけでもない。証明の責任は、むしろ変革を望む側にあるのだ。真正な伝統（恣意的に作られたのではない伝統）は、当然認められなければならない。なぜならそれは、所与の前提と自由な合意の下で、これまで一般に良いものとして妥当してきたからである。こうして伝統は理性的であると推定できるが、それによって小賢かしい批判を振り払うことはできても、現状の正当化が自動的に果たされるわけではない。現実というものは、（「理性的に」）疑問に付されながらも論証を拒むような場合に、はじめてはっきりと非理性的となる。逆に理性は、現実から遊離した空想上の絶対的視点から世界を全面的に疑うような純粋な理性ではありえない。批判が、否定されるものに縛られているのと同様に、理性（Vernunft）は〔語源的に〕耳を傾けること（Vernehmen）である以上は、聴き取る相手に依存している。理性は、現実を自らの手で紡ぎ出すことはできないからである。理性の自律とは、理性が存在に拘束されず、状況に依存せず、したがって非歴史的で、人間とも無関係に内容をともなわずに設定可能という意味ではない。理性的であるとは、承認しつつ許容すること、しかも抽象的な原理のみならず、「偶発的」であるにもかかわらず理性的であるような現実を承認し、許容することなのである。個人は、抽象的な普遍性を要求しながらも、歴史に制限された状況に関わる。理性自体が歴史的であり、理性を名乗るものは、自身を正当化する必要がある。現実から隔離された理性といえども、歴史から逃れることはできず、むしろ腐敗した理性として、歴史の一部に組み込まれてしまう。そのような理性は、「浅薄」で「平板」になるのでなければ、抽象的な狂信へと走ることになるだろう。誤った明晰さというものも存在するのであり、それと比べるなら、不明瞭な知識や不明確な知識のほうが真理や現実に近く、ゆえに理性的（聴取的）でありうるだろう。したがって、現実がどの程度理性的であるのかと問うときは、理性を名乗るものがどの程度実際に理性的であるのかと補わなければならない。つまり、真なる啓蒙であろうとする理性によって補完されなければならないのである。

啓蒙は、自身を棚上げにしてはならない。そうでなければ、啓蒙は疑似啓蒙へと堕落し、自らを破壊してしまうだろう。自己破壊は啓蒙につきまとう危険であり、理性と自由の自己誤認は、人間の自己誤認と自己破壊につながる。人間の自己破壊は世界が破壊する要因と考えられるため、世界の破壊よりも差し迫った問題である。それゆえに啓蒙は、最初から真なる人間存在をめぐる闘いでもありつづけてきた。その際、自分自身を誤解するという誘惑は、そもそも敵対者からの誤解にも劣らず危険であった。理性と自由の発展が求められつつも、疑似合理主義と見かけの自由へと逸脱する危険性は高い。さらに言うなら、これは啓蒙そのものによってはじめて生じた危険でもある。理性が現実に耳を傾ける姿勢を失い、現実との関わりを断とうとしたり、経験の特定の場面で事実上自分の内に閉じ籠り、ますます内容空虚になっていく悟性に転じて、堂々巡りをしながら現実を自分で作ろうとすると、合理主義は単なる疑似合理主義に堕するのである。また自由は、強固な現実による根本的な制約から目を逸らし、理性的条件から切り離されるなら、見せかけだけの自由となってしまう。ここからさらに新たな危険が生じる。つまり、合理主義によって可能になった疑似合理主義は、いつでも多様な非合理主義へと転じうるのであり、全面的な解放によって可能になった見せかけの自由は、いつでも自由に対する恐怖政治的な抑圧に豹変しかねないのである。

ここで啓蒙の衣装をまとった「蒙昧化」が生ずる可能性は別として、啓蒙そのものの過程から基本的に二つの根本的な危険が生じうることが明らかとなる。疲弊という危険と、転換という危険である。恒常的な反省やメタレベルの反省は批判という還元的な性格をもつために、思考の過程が徐々に上昇すればするほど、真理はますます切り下げられていく。なんと言っても反省は、進むに従って、出発点となった現実との関係を失う傾向があるため、啓蒙が呼吸する空気は、いわば啓蒙自身のせいで薄くなってしまう。そのため否応なく疲弊が生じ、それとともに崩壊の危険や、合理主義の非合理主義への転換の危険が起こる。たいていの場合、過大な自己評価が自己蔑視に転換する危険が生じ、「自由主義」が「全体主義」へと転じる危険も珍しくはない。反省をどこまでも突きつめると、反省をあっさりと放棄したくなるのも避けがたいし、「絶対者」の直接的啓示への希望に身を委ね、どこかでいわゆる素朴な生活へと逃げ帰りたくなるものなのである。

啓蒙はあらゆる認識と同様に、挫折と背中合わせであり、自己を絶対視することで自分自身に躓く危険に常にさらされている。しかし、啓蒙は真理を所有することではなく、明晰な真理を求める探究である。啓蒙は中間段階であり、もともとは欠如の現れなのである。啓蒙は自ら所有するものと所有していないもの、すなわち虚偽の仮象と真理への希望を糧としているのである。しかし、真理というものはけっして所有されはしないだろうということも確認しておかなければならない。啓蒙はけっして真理を独占しない。啓蒙とは、非真理や誤謬との闘いなのである。すべてを知り、すべてを批判することは不可能だし、またすべきでもない。啓蒙は博識や物知りに堕してはならない。それは非自由との闘いである。世界を自分の思い通りに設計しなければ生きられないという傲慢は、批判を無批判に徹底する熱狂となり、最終的には、すべてのものに対する幼稚で不毛な思い上がりに陥る。啓蒙は宗教の代替物ではない。それゆえ真の啓蒙は、啓蒙の限界を明確に自覚する試みである。自らを限定する自己抑制は、外的な限定とは異なる。自律的な自己相対化こそ、啓蒙が独善的な自己絶対化の誘惑に抗うための最大の武器なのである。人間の真の自律の条件は、他律の必然性を承認するところにある。啓蒙も、古風に言うなら、臆病や怠慢とは何の関わりもない自己滅却の徳を必要としているのだ。

啓蒙は骨の折れるものである。しかしその代わりとなるものはあるだろうか。思考を停止させるようなことはあってはならない。考えつづけることを止め、思考を投げ打って直接的な生や体験と言われるものへと誘うなら、袋小路に入り、不自然な結果を招く。反啓蒙の試みは、自己を根拠づけようとすれば自己矛盾を抱え込む。理性は、自らの意図が限定され制約されているのを認識できるが、理性に忠実でありながら理性自らを否定することはできない。啓蒙の見通しは明るくはないし、おそらく自業自得の面もある。しかし啓蒙はいつでも必要なのである。

啓蒙を擁護して繰り返しなされるこのような弁明は、それ自身ふたたび素朴なもの（「啓蒙されていないもの」）に陥ることがないのか、絶対的に無意味にならないのかを、自問すべきだろう。啓蒙を必要とする者は、啓蒙を重視しないし、啓蒙を知る者は、おそらくそれを必要としないだろう。また、まずは啓蒙があって、それから具体的な啓蒙がやってくるのであり、啓蒙についての普遍的な言明がやってくるのではない。ではこのような啓蒙への呼びかけは何のために必要なのだろうか。啓蒙のための啓蒙、いわばメタレベルの啓蒙、あるいは啓蒙主義者のための啓蒙は、何のために繰り返しなされるのだろう。その唯一の意味はおそらく、啓蒙を意志する者が、自分自身の啓蒙をつづける一助となるところにあるのだろう。啓蒙は、われわれの内なる啓蒙主義者への呼びかけとして、思考が目覚めるのを助け、少なからず哲学者であるわれわれ自身が自己意識に達するように後押しする。啓蒙の啓蒙もまた、啓蒙に対する具体的で、同時に原理的な貢献なのである。

総じて、「啓蒙」という言葉は、たとえば「哲学」という言葉と同様に、それなりの伝統をもって、歴史的に多用されてきたため、簡単に放棄されてはならないとはいえ、その言葉そのものがここで重要なのではない。重要なのは、将来にわたって、理性と自由が増大し、世界が混沌に陥ったり、身動きのとれない制度へと硬直化しないことなのである。具体的に言うなら、真理へと向かう十分な意欲をもち、理性的で自由な能力のある人間が、今後存在しつづけるかどうかが問われているのである。

原注

（1）アドルノ／ホルクハイマー（『啓蒙の弁証法』一九四七年）によって有名となった表現は、もともとはロマン主義に由来するようだ。F. Schalk, *Formen und Disharmonien der französischen Aufklärung*, in: *Deutsche Vierteljahresschrift für Literaturwissenschaft und Geistesgeschichte* XV (1937), S. 254. アドルノとホルクハイマーは「啓蒙の弁証法」という言葉で、とりわけ啓蒙が「神話」へと転向することを指している。彼らは神話そのものを、合理的な世界支配と理解し、啓蒙の開始と解釈するのである。その場合、「啓蒙」および「神話」という概念は相当に広い意味で理解されているため、さまざまな観点を考慮すれば、ほとんどすべてのものが、同時に啓蒙であり神話とみなされるのであり、その限りで互いが互いのヴァリエーションとなりかねない。そうなると、啓蒙ないし神話とは厳密にはどのような意味かという議論はほとんど埋もれてしまう。事柄をよく見れば、いわゆる啓蒙の弁証法なるものは、少なくとも若干の点に関しては、初期の啓蒙主義者、あるいはまた啓蒙主義者自身によってもすでに知られていた。先入観に対する批判が新たな先入観に転じ、「先行判断された先行判断」になり、宗教批判そのものが新たな（疑似）宗教になることが考えられる。啓蒙主義、すなわち「自分自身に対する実体を欠いた自己反省という極端」（ヘーゲル）にまでいたる迷信との闘いは、それ自体が迷信へと転じかねないのである。新たな迷信に従うものであっても、啓蒙自身が迷信であると証明される場合でも、事情は同じである。しかも、古い迷信に取って代わって、装いだけ新しくその実は旧来のままの新手の迷信が現れるというだけではなく、自己批判を失うなら、啓蒙主義そのものが非理性的な迷信へ堕していくのである。

（2）エンゲルが、迷信への後退を怖れるところから、「啓蒙の永遠の上昇」を危険なものとみなしたのに対して、ラインホルトは、学者たちに「高次の啓蒙」を要求している。以下を参照。W. Schneiders, *Die wahre Aufklärung*, 1984, S. 178, 182. またたとえばフィヒテも同時期に、『ヨーロッパ諸侯からの思考の自由の返還要求』序文において、同一の路線における進歩という意味で、啓蒙を「より高める」ことを提唱している。ヘルダーリンに関しては以下を参照。G. Kurz, Höhere Aufklärung, Aufklärung und Aufklärungskritik bei Hölderlin, in: Ch. Jamme, G. Kurz, *Idealismus und Aufklärung, Kontinuität und Kritik der Aufklärung in Philosophie und Poesie um 1800*, 1988. ヘーゲルに関しては以下を参照。W. Schneiders, Vom Weltweisen zum Gottverdammten. Über Helge und sein Philosophieverständnis, in: *ibid*.

（3）ハイデガー（『存在と時間』一九二七年）は、現象学を先入見に対する批判とみなし（三五頁以下参照）、「真正なる啓蒙」を語っている（一七八頁）。ヤスパース（『哲学入門』一九五五、一九五八年）は、彼の後期の理性哲学の意味で、レッシングと関連づけながら、明確に「真の啓蒙」を指示している（八六頁以下）。

（4）Peter Strasser, *Die verspielte Aufklärung*, Frankfurt am Main: Suhrkamp, 1986.

（5）Gerd Bergfleth et al., *Zur Kritik der palavernden Aufklärung*, München: Matthes & Seitz, 1984.

（6）Heinrich Vormweg, *Das Elend der Aufklärung: über ein Dilemma in Deutschland*, Darmstadt: Luchterhand, 1984.

訳者解説――ドイツ啓蒙主義の思想と図像

ドイツ啓蒙主義の思想

ヨーロッパにおける十八世紀は、十七世紀以来形成され始めた近代の世界観が安定した軌道に乗り、政治・文化・芸術の制度面でも確固たる地歩を固める時代である。「ヨオロッパといふ一つの文明を振り返って見るとヨオロッパがその性格を完成し、我々がヨオロッパといふものと結び付けて考へる各種の特徴を凡て備へるに至ったのが西暦で言へば十八世紀であることを強く感じる」（吉田健一『ヨオロッパの世紀末』）。細かな相違をあえて省略して、大づかみで語られたこの概括は、ヨーロッパ十八世紀という時代が担った特有の役割を、大胆に照らし出している。議会制民主主義や数学的自然科学が近代社会の政治・文化の基底を形成すると同時に、大学組織、あるいは学士院《アカデミー》といった、知の大枠を定めるもろもろの条件はまさにこの時代に整いつつあった。その基本路線を敷いた時代特有の思想が、本書の主題となる「啓蒙主義」ないしは「啓蒙思想」である。その点で啓蒙主義は、十八世紀ヨーロッパをくまなく席捲した時代の思潮と見ることができるが、同時にそこには国ごとに異なるさまざまな傾向と特徴が存在する。たとえばイギリス一国をとってみても、十八世紀啓蒙主義の時代は「黄金時代《オーガスタン・エイジ》」の名称をもつと同時に、あまりに多様なその様相から、研究者によっては「繁茂の時代」（D・グリーン）などと呼ばれもする。時代を総括するいかなる名称もそうであるように、啓蒙主義もまた、仔細に観察するなら、同じ名称で一括することが困難に思えるほど多様な要素を含みもつのである。

本書の著者シュナイダースが、ヨーロッパ啓蒙主義全体を概括的に論じた『啓蒙の時代』（*Das Zeitalter der Aufklärung*, Verlag C. H. Beck, München 1997, 3. Aufl. 2005）では、ヨーロッパとアメリカの啓蒙主義が国ごとのキーワードによって区別されている。「イギリス——共通感覚と道徳感覚」「フランス——批判と革命」「ドイツ——形而上学と改良」「ヨーロッパとアメリカ——さまざまな受容と反乱」と並べられたその章立ては、各国ごとの特徴とともに、啓蒙主義の歴史的影響の順序をもあらわしている。つまり、十七世紀から十八世紀を啓蒙主義の運動という点から考察するなら、おおまかにはイギリスから始まり、フランスで大きな潮流に膨れ上がり、最終的にドイツにまでその余波が及ぶという整理が一応は成り立つように見えるのである。

なるほど、ドイツは十八世紀においていまだ政治的統一を実現していないという事情もあって、啓蒙主義の進行という点では、イギリス・フランスの後塵を拝していたのは確かである。イギリスではすでに十七世紀以来、形而上学的な思弁を斥け、経験と実証を支えとした経験論的・自然科学的傾向が定着し、自由と平等が政治的にも実現され始めていた。さらにフランスでは、宗教的権威主義や不寛容を批判して、自由を主張したフランスの戦闘的な「自由思想家」が啓蒙主義を推し進め、やがてはそれがフランス革命にまでいたる大規模な運動に結実していく。そのあり様は、ヴォルテールの「愚劣なものを打ち壊せ」といった革新的メッセージに集約される。そのために、啓蒙主義を考察するにあたっては、往々にしてイギリス・フランス思想が啓蒙主義全体のモデルとみなされ、ドイツ啓蒙主義はどうしてもそれらの輝かしい成果の陰に隠れてしまう傾向がある。啓蒙主義時代に関する数ある古典的な研究書も、おおむねイギリス・フランス・ドイツという順序に沿って議論が進められるのが通例である。P・アザール『ヨーロッパ精神の危機』（法政大学出版局）、『十八世紀ヨーロッパ思想』（行人社）、P・ゲイ『啓蒙主義——近代的異端の擡頭』（未邦訳）、『啓蒙主義——自由の科学』（邦訳『自由の科学』ミネルヴァ書房）、E・カッシーラー『啓蒙主義の哲学』（紀伊國屋書店、ちくま学芸文庫）など、啓蒙主義に関する優れた古典的研究書でも、イギリス・フランスを基準にした啓蒙主義理解を元にしてドイツ啓蒙主義を推し量る傾向は完全には拭い切れない。そのような構図の中で理解された場合、ドイツ啓蒙主義は、イギリス経験主義とフランスのルソーから影響を受け、ライプニッツ以来のドイツ的合理主義を基盤にそれらを新たな総合にまで高めたカントをもって、その頂点に達したものとみなされる。しかしこのような理解においては、十八世紀前半のドイツの思想家たちは、あくまでもカントを準備するための副次的役割に限定され、その独自の活動が見失われることになりかねない。ドイツでは彼らこそが、啓蒙主義の運動を興し、それを担った人びとであるにもかかわらずである。シュナイダースが本書の序言において、「ドイツの思想的発展に関する知識の不足を補う」必要を語っているのは、そのような事情を指している。そこで本書『理性への希望』においてシュナイダースが試みたのは、英仏を模範にした啓蒙主義理解、あるいはカントを頂点とするドイツ啓蒙主義哲学の理解を一旦棚上げして、ドイツ独自の啓蒙主義思想をできる限り忠実に描き出すことであった。

ドイツの啓蒙主義は、イギリスにおける政治的文脈や、フランスにおける宗教的文脈とは異なり、まずは大学における教育改革として着手された。講義ではラテン語を使用する大学の慣例に逆らって、一六八七年にトマージウスがライプツィヒ大学において、庶民の言葉であったドイツ語で講義を行い、物議を醸したのが発端であった。トマージウス自身は、ザクセン選帝侯領のライプツィヒを追われ、ブランデンブルク＝プロイセンのハレに移住し、ハレ大学の創設に関わり、一七〇六年にヴォルフが赴任してくることで、その後ハレがドイツ啓蒙主義の土壌となる。トマージウスとヴォルフはそれぞれが学派を形成し、しかもその両派がやがては対立して論争を繰り広げることによって、ドイツ啓蒙主義は言論の世界を賑わせることになった。その場合でも、トマージウス学派とヴォルフ学派のあいだの論争では、主に学問における数学の取り扱いといった問題が争点になるなど、哲学上の議論が中心であったが、ヴォルフの決定論的哲学は、やがて当時ハレ大学の主流を占めていた敬虔主義者たちの反撥をかい、無神論の嫌疑によってヴォルフはハレを追放されることになる。しかしヴォルフを追放したフリードリヒ・ヴィルヘルム一世が一七四〇年に歿することで、ヴォルフはふたたびハレ大学に招聘され、影響力を強め、バウムガルテンやマイアーといった思想家が生まれていく。そしてカントは講義においてバウムガルテンの著作を教科書に採用することになる。

ドイツ啓蒙主義は多くの場合、学問と宗教との関係をめぐって展開されているため、現実的・政治的影響力の点ではイギリス・フランスに及ばないながらも、一方でその両国には見られないほどの反省の深まりを実現していった。とりわけその特徴は、「啓蒙主義」の定義をめぐる思考に明確に現れている。ドイツでは、一七八三年『ベルリン月報』においてツェルナーが提起した「啓蒙とは何か」という問いに対して、メンデルスゾーンとカントがそれぞれ応答を行うかたちで、啓蒙ないし啓蒙主義の定義がなされた。とりわけそこでカントがホラティウスを踏まえて語った「あえて賢くあれ」(Sapere aude: Horatius, *Epistolae* I, 2, 40)、あるいは「自らの理性を用いる勇気をもて」の評語が、啓蒙主義の理解にとって決定的となった。カントの議論においては、権威や制度、宗教や政治に左右されることなく、理性の自由を最大限に発揮するという、ヨーロッパ啓蒙主義全体に妥当する理念が示されながらも、それが理性の自律といういきわめて哲学的・反省的な色彩の強い問題意識とともに提示されている。本書でシュナイダースが用いている言葉を使えば、イギリス・フランスでは、批判と改革を目指す「他者啓蒙」が中心となったのに対して、ドイツでは、理性の自己解明という「自己啓蒙」が、哲学的な反省意識の中で主題となったとも言えるだろう。現代の問題意識との関連で言えば、晩年のフーコーがカントの論考「啓蒙とは何か」を再読する中で、カントにおける啓蒙の問題意識を、思考する者自身の「現在性《アクチュアリティ》」の問題と捉えているのも、啓蒙が歴史的意識をも巻き込んだ反省であることを示唆している（『ミシェル・フーコー思考集成　X』筑摩書房）。

さらに言語上の問題として、「啓蒙」をあらわす言葉が、英語ではEnlightenment、フランス語ではlumièreといった「光」と関連する語であるのに対して、ドイツ語のAufklärungは、「光」の要素を共有しながらも、同時に「解明」や「理解」といった理性的な側面を強く窺わせる語であるというのも、その後の「啓蒙」の理解に大きな影響を与えている。そのためにドイツ語の場合Aufklärungは、歴史的な「啓蒙主義」をあらわす一方で、より一般的に、歴史とは直接に関係のない理性そのものの働き、つまり日本語の「啓蒙」が意味する「蒙を啓く」と同様の意味合いで語られるのである。シュナイダースが本書の目標のひとつとしたことは、歴史的意味での「啓蒙主義」と、理性の普遍的働きとしての「啓蒙」との重なり具合とそのずれを確認することであった。

こうして、「啓蒙」がひとたび歴史的文脈から離れて、理性の自律や反省の明確化といった側面を強めた場合、十八世紀啓蒙主義に限らず、近代の理性化の運動そのものを「啓蒙」と呼ぶ可能性が開かれる（そのために本書においても Aufkläurung の語は、文脈によって「啓蒙主義」ないし「啓蒙」と訳し分けている）。そうした近代的理性の実現としての啓蒙は、合理的思考によって自然科学や技術の発展に貢献し、やがては十九世紀の産業革命を経て、機械化・効率化を一挙に拡大させる。またフランス革命やアメリカの独立などを象徴として、民主主義の理念を推し進めるなど、政治的にもさまざまな成果をあげることになった。まさに啓蒙はその語義通り、世の中に「光」をもたらす働きを存分に果たしたのである。しかしながら二十世紀の後半以降ともなると、特に第二次世界大戦で起こった組織的な大量虐殺を目前にして、近代の理性化の運動、つまり啓蒙そのものの意味があらためて問い直されることになる。一切の現実を理性の手段とみなす「道具的理性」（ホルクハイマー）に対して疑念が示され、フランス革命に関しても、それが実現したと称する理念よりも、恐怖政治へと移行していった経緯に注目が集まる。強力な「光」が投げかけた、それと同じだけ深い「闇」の部分が浮かび上がってくるのである。

何よりも、第二次世界大戦中に書かれたアドルノとホルクハイマーの『啓蒙の弁証法』においては、啓蒙という理性中心主義は、それ自体が暴走することで、逆にその正反対であるはずの野蛮に転じるのではないかの疑問が提起された。こうした疑問は、すでに十八世紀啓蒙主義のメンデルスゾーンなどにおいて萌芽としては示されているが、二十世紀以降の歴史は、啓蒙的理性の内包する二面性を過酷で悲惨な現実として経験することになった。その後、リオタール『ポスト・モダンの条件』（書肆風の薔薇）に見られるように、啓蒙への疑念は同時に、近代という時代相、あるいは思考形態そのものの終焉を予感するまでにいたる。本書の叙述の中でも、二十世紀後半以降から現代にいたるそうした啓蒙批判・近代批判が、随所に影を落としているのを読み取ることができるだろう。「啓蒙に関する現代の議論と近年の啓蒙主義研究のあいだに生じた溝を埋める」という「序言」の言葉も、こうした問題意識を顕著にあらわしている。現代の「脱構築」といった問題も、超越的な絶対性を認めずに、相対化と反省を徹底していく運動であるという点で、本書の特に最終章で語られる「高次の啓蒙」の継続と見ることができる。そこでは、啓蒙という理性の主張がかえって新たな強制と化する危険をも自覚したうえで、啓蒙がつねに繰り返し展開されなければならないということになる。啓蒙はまさに「未完のプロジェクト」(ハーバーマス)であり、しかも特定の目標に固執することのない開かれたプロジェクトなのである。

こうした徹底した啓蒙は、絶対的な拘束や束縛からの解放である一方、依拠すべき基準や拠りどころを破壊する否定的な性格をもっている。スローターダイク『シニカル理性批判』(ミネルヴァ書房)はそうした問題意識に沿って、啓蒙の進行とニヒリズムとの関連を主題として扱っていた。啓蒙が進行して反省が深まり、脱構築があらゆる絶対性を掘り崩したあとで、そこにどのような風景が開けるのかは、現代の哲学にとって大きな問題である。カントの「批判」のあとには、ドイツ観念論という壮大な思想体系が成立したが、現代の啓蒙・脱構築のあとには、果たしてどのような思想が可能であるのだろうか。批判的反省の意識を高めながら、なおかつ真理への意欲をもちつづけるということ、つまりは「理性への希望」が語られなければならない所以である。

ドイツ啓蒙主義の図像

本書の叙述の中で、とりわけ特徴となるのが、第二章の「哲学の図像学」である。十八世紀ドイツ哲学の歴史的考察のために、従来あまり紹介されることのなかった哲学書の寓意扉絵が縦横に用いられ、視覚的にも多彩で魅力的な叙述となっている。観念を図像によって絵解きをする手法は、寓意《アレゴリー》ないし寓意画《エンブレム》と呼ばれ、古代・中世を通じて長い伝統をもっている。その技法は、観念を表現する言語と視覚的描写を行う画像との交流をも意味するため、修辞学の伝統の中では、「画文交流《エクフラシス》」とも言われる。その場合、個々の観念はしばしば女性の人物像として擬人化され、一定の衣服や持ち物によってその特性を示すことが試みられる。たとえば、「哲学」を具現した擬人像には、論理的な思考の秩序をあらわすために「階段」が描かれ、また学問の中での最高位であることを示すために「王笏」が、そして学識を暗示するために「書物」が添えられるといった具合である（図版1）。これらの道具立ては「寓意属徴《アトリビュート》」と呼ばれ、それを見ることで読者はその画像が何をあらわしているかを解釈することが可能になる。もとより、それらの寓意属徴や擬人化の組み合わせは、ほとんどが恣意的な取り決めであるため、時代や状況が変わるとその図像の意味が不明になる場合もたびたび生じえた。そこで、特に中世末期から近世初頭にかけては、伝統的な図像表現を網羅的に蒐集し、その解釈をも並記した事典の類いがかずかず作られる。代表的なものとして、アルチャーティ（Andrea Alciati 一四九二―一五五〇年）『寓意画集《エンブレマタ》』やリーパ（Cesare Ripa 一五六〇―一六二三年頃）『図像学《イコノロジーア》』などが、図像理解の模範として版を重ね、版ごとに時代の変遷に応じた図像が用いられることで、古びることなく継承されていく。特にルネサンス期には、こうした図像表現の伝統に加え、再生した新プラトン主義的な世界観を背景に、特定の思想や宇宙観を

図版 1 「哲学」の寓意画（リーパ『図像学』〔ヘルテル版1758-60〕より）

表現する図像が続々と生み出され、その要素はボッティチェルリやラファエロ、ミケランジェロといった芸術家の作品の中にも痕跡を残している。美術史においては、こうした要素は二十世紀半ば、パノフスキーやヴィントらの「図像学《イコノロギア》」による解明が進み、「寓意画《エンブレム》」に関しても、過去の図像を主題別に整理した事典などもいくつか公刊され始めている（代表的なものとして、ヘンケル、シェーネ編『図像画集《エンブレマタ》――十六・十七世紀の寓意画の手引き』[A. Henkel, A. Schöne, *Emblemata. Handbuch zur Sinnbildkunst des XVI und XVII Jahrhunderts*, Stuttgart/Weimar 1967/1996]）が挙げられる。「図像学」に関しては、かねてより日本語での紹介も多くなされており、また寓意画に関しても近年紹介が進み、水之江有一『図像学事典――リーパとその系譜』（岩崎美術社）、アルチャーティ『寓意画集』の邦訳（『エンブレム集』ありな書房）や、プラーツによる研究書『綺想主義研究――バロックのエンブレム類典』の邦訳（ありな書房刊のほか、『バロックのイメージ世界――綺想主義研究』の表題で、みすず書房からも別訳が公刊）、伊藤博明『綺想の表象学――エンブレムへの招待』（ありな書房）などが公刊されている。

　美術において多用された寓意画の伝統を背景として、ヨーロッパでは、本来は図像や絵画表現とは無縁のはずの哲学書や法律書などにも、その書物の目標なり理念なりを示す図像が扉絵として付されるのが慣例化していた。その最盛期は、芸術の分野でも複雑で入り組んだ表現が好まれた十七世紀のバロック期である。本書（五七頁）でも触れられているキルヒャー、ホッブズ、ヴィーコの著作の扉絵などがその代表例である（図版2〜4）。この伝統は十八世紀になってもなお継続し、ドイツ啓蒙主義の哲学者たちの著作群にも、そうした扉絵が付されている。本書ではトマージウスをはじめ、ヴォルフ、マイアーなど、面だった思想家による二五葉の扉絵が紹介され、その図像解釈を通じて、ドイツ啓蒙主義の特

図版 2　キルヒャー『普遍音楽』(1650) 扉絵

図版 3
ホッブズ『リヴァイアサン』
（1651）扉絵

図版 4
ヴィーコ『新しい学』（1744）
扉絵

Critik
der
reinen Vernunft

von
Immanuel Kant
Professor in Königsberg.

Riga,
verlegts Johann Friedrich Hartknoch
1781.

図版 5 『純粋理性批判』第 1 版の扉

徴が浮彫りにされていく。思想書の扉絵に関しては、我が国でも紹介が少なく、唯一日本語で読める本格的な文献であるM・コーベット、R・W・ライトバウン『寓意の扉——マニエリスム装飾表題頁の図像学』(平凡社)でも、二〇点紹介される扉絵の最後がホッブズ『リヴァイアサン』のものであるため、当然のことながら十八世紀ドイツは言及されていない。その点でも、本書で論じられるドイツ啓蒙主義の寓意扉絵の多くは、はじめての紹介ということになるだろう。

現代から見るなら、寓意画は本質的に多義的な解釈を許し、誤解をも生みかねないため、哲学的思想を伝える手段としては不十分に思える。実際に本書における図像解釈においても、いくつかの要素に関しては複数の解釈の可能性を示すにとどまり、最終的な決着がつけられないままになっている場合がある。図像にはそうした曖昧さが付きものである以上、哲学はあくまでも正確に定義された概念を用いるべきであって、図像による伝達などは哲学にはふさわしくないものと考えられがちである。しかし、本書においてかずかずの扉絵の解釈を通じて判明してくるのは、現代においてなかば常識となっている図像に対する不信感そのものも、実はある時期に歴史的に形成された観念にほかならないということである。図像が当たり前のように使われていた時代から、図像表現が急速に衰退していく時代へ移り変わる分水嶺が、十八世紀啓蒙主義の内部に存在する。それがまさしくカントにほかならない。一七五〇年代、六〇年代の啓蒙主義の著作には、いまだバロック的な風合いをとどめた扉絵がふんだんに用いられているにもかかわらず、一七八一年の『純粋理性批判』では、表題頁はタイトルと出版社の装飾的紋章のみといった簡素きわまりないものに転じている(図版5)。「精神的傾向がいかに感覚的傾向に打ち克ち、知的理解がいかに視覚の歓びに勝利したかを、まさにカントの例が示している」(本書一二五頁)と言われる通り、ここで哲学は図像や想像力を脱ぎ去り、概念と論理へと自己自身を制限し始めるのである。
こうした歴史的経緯を考慮すると、哲学と図像、思考と想像力を対立させる思考法もまた、近代のある時代に生じたものであり、けっして普遍的なものではないということがわかってくる。哲学を図像とともに語り、そこに想像力が生き生きと働く思考もまた、哲学の可能性のひとつなのではないかとも思えてくるのである。近年では、啓蒙主義研究のなかでも、スタフォード『アートフル・サイエンス——啓蒙時代の娯楽と凋落する視覚教育』(産業図書)、あるいは『ボディ・クリティシズム——啓蒙時代のアートと医学における見えざるもののイメージ化』(国書刊行会)のように、図像資料を大量に用いながら、十八世紀思想を文化史的に考察する生産的な試みもなされている。ドイツ哲学の文脈においても、この二〇年ほどで、ベームやブレーデカンプを筆頭として、「形象学」(Bildwissenschaft)の名の下に、図像と思想を接合する新たな分野が注目を集め、二十世紀の「言語論的転回」(linguistic turn)になぞらえて「図像論的転回」(pictorial turn; iconic turn)が語られるほどにもなっている。本書の著者シュナイダースは、そうした運動に積極的に関わっているわけではないが、着想のうえでは形象学と触れ合う面をもっていたということになる。本書での啓蒙主義哲学の寓意扉絵の扱いは、哲学研究書のあり方を再考する機会ともなるだろう。

*

本書の底本は、シュナイダース『理性への希望——ドイツにおける啓蒙主義哲学』(Werner Schneiders, *Hoffnung auf Vernunft. Aufklärungsphilosophie in Deutschland*, Felix Meiner Verlag, Hamburg 1990)である。内容を

勘案して、邦訳版の副題は「ドイツ啓蒙主義の思想と図像」と改めた。著者シュナイダースは、一九九七年までミュンスター大学の哲学教授であり、国際十八世紀研究会の会長および委員を務め、ドイツ啓蒙主義、特にトマージウス研究の第一人者として活躍した。トマージウスに関しては、オルム社から多くの著作を編集・復刻するほか、最新の研究を集めた論集を編纂し、ヴォルフに関しても同様の論集を公刊している。啓蒙主義の入門的概説書として、先にも触れた『啓蒙の時代』を著し、『啓蒙主義事典』(*Lexikon der Aufklärung. Deutschland und Europa*, Verlag C. H. Beck, München 1995) をも編纂している。後者は、「迷信」、「美学」、「アカデミー」、「通俗哲学」などの大項目主義の事典である。また、ケンブリッジの浩瀚な哲学史論集のなかの十八世紀の巻 (K. Haakonssen, *The Cambridge History of Eighteenth-Century Philosophy*, 2 vols., New York 2006) でも、「哲学のさまざまな概念」なる論考を執筆し、十八世紀英・仏・独それぞれの哲学概念の相違を論じている。

啓蒙主義全体については日本語でも膨大な文献が公刊され、まさに汗牛充棟の趣があるのに対して、ドイツ啓蒙主義を正面から論じた邦語文献はきわめて少ないのが現状である。ドイツ啓蒙主義の地誌学とも言うべき独特のE・ヴァイグル『啓蒙の都市周遊』(岩波書店、一九九七年。ここでも本書と同じ寓意扉絵が数点紹介されている) とともに、シュナイダースの本書が、ドイツ啓蒙主義の多面性を理解する一助となれば幸いである。本書の翻訳は、啓蒙主義に関する「啓蒙書」という性格の強い本書の狙いに即して、できる限り平易な訳文を心がけた。訳文の冗長さや難解さを避けるために、法政大学出版局の編集者・奥田のぞみ氏から、適切な助言を頂戴したことを、この場を借りて感謝したい。

訳　者

ランゲ Johann Christian Lange (1723 歿) 71
ランベルト Johann Heinrich Lambert (1728-77) 37, 48, 170
リューディガー Andreas Rüdiger (1673-1731) 75-76, 126-127, 134, 136-144, 160, 162, 167, 169
『学識の綱要，または総合的哲学』(1707) 137
『実践哲学』(1723) 138
『真と偽の感覚について』(1709) 126
『総合的哲学』(1707) 136
『総合哲学』(1711) 76-77
ルソー Jean-Jacques Rousseau (1712-78) 41, 50
ルター Martin Luther (1483-1546) 191
レーマン Johann Jakob Lehmann (1683-1740) 139, 142-143
『理性論』(1723) 142
レッシング Gotthold Ephraim Lessing (1729-81) 29, 37, 190, 225
ロイシュ Johann Peter Reusch (1691-1758) 150-151
『体系的論理学』(1734) 151
ロック John Locke (1632-1704) 49-50

ポープ Alexander Pope（1688-1744）　19
『人間論』（1733-34）　19
ホッブズ Thomas Hobbes（1588-1679）　31, 57
ホフマン Adolph Friedrich Hoffmann（1707-41）　83, 86, 127, 139-140, 143-145, 154, 167
『理性論』（1737）　83-84, 144
ホメロス Homeros　61
『オデュッセイア』　61
ホルクハイマー Max Horkheimer（1895-1973）　204, 224
『啓蒙の弁証法』（1947）　224
ホルマン Samuel Christian Hollmann（1696-1787）　152-153, 158-159, 162
『哲学教程』（1727）　159

マ　行

マイアー Georg Friedrich Meier（1718-77）　123, 163, 167-168
『形而上学』（1755）　123-124
『理性論』（1752）　167
マグリット René Magritte（1898-1967）　127-128
マルクヴァルト Conrad Theophil Marquardt（1694-1749）　106
『合理的哲学』（1733）　106
マルクス Karl Marx（1818-83）　190, 203
ミュラー August Friedrich Müller（1684-1761）　139, 141-142, 179
『哲学的諸学への入門』（1718）　179
『哲学入門』（1728）　141
ミュラー Gottfried Polycarp Müller（1685-1747）　80, 82-83, 139, 181
『上級能力に応用された哲学』（1718）　80-82, 181
ムージヒ Martin Musig　136, 139, 142, 182
『知恵の光』（1709）　136, 142
メンデルスゾーン Moses Mendelssohn（1729-86）　43, 71, 163, 167, 169-170, 192
『形而上学的学問における明証性について』（1764）　169
モンテスキュー Charles-Louis de Secondat, Montesquieu（1689-1755）　50
モンモランシー Francois Henri Montmorency（1628-95）　100

ヤ　行

ヤコービ Friedrich Heinrich Jocobi（1743-1819）　197
ヤスパース Karl Jaspers（1883-1969）　203, 225
『哲学入門』（1955, 1958）　225

ラ　行

ライプニッツ Gottfried Wilhelm Leibniz（1646-1716）　17, 32, 40-41, 45, 49, 129, 145, 161
ライマールス Hermann Samuel Reimarus（1694-1768）　43, 163, 167-169
『理性論』（1756）　168
ラインホルト Carl Leonhard Reinhold（1757-1823）　224-225
ランゲ Joachim Lange（1670-1744）　46, 110-116, 123
『神と自然宗教の由来』（1723）　114-116
『教養の基礎』（1706）　71, 73
『精神の医学』（1708）　110, 113

Baumgarten（1714-62）　153, 155, 167, 199
『一般哲学』（1770）　155
『論理学講義』（1761）　155
ハチンソン Francis Hutchinson（1660-1739）　98
『魔法についての歴史的考察』（1718）　98-99
ハラー Albrecht von Haller（1708-77）　37
ハルトマン Georg Volkmar Hartmann　110
『ライプニッツ＝ヴォルフ哲学の歴史への手引き』（1737）　110-111
ヒューム David Hume（1711-76）　41, 50
ビルフィンガー Georg Bernhard Bilfinger（1693-1750）　149, 183
「事物の三重の認識について」（1722）　183
ファブリキウス Johann Andreas Fabricius（1696-1769）　183
『論理学』（1733）　183
フィヒテ Johann Gottlieb Fichte（1762-1814）　188, 197, 199, 225
『ヨーロッパ諸侯からの思考の自由の返還要求』（1793）　225
フーバー Ulrich Huber（1636-94）　185
プーフェンドルフ Samuel Pufendorf（1632-94）　31, 185
『ドイツ皇帝の身分について』（1696）　186
ブッデ Johann Franz Budde（1667-1729）　134-136, 138-140, 142-143, 151-152
『哲学の基礎的教程』（1703）　134, 159
プラトン Platon（B.C. 427-B.C. 347）　96, 110, 114, 125, 144, 178
『政治家』　125
フリードリヒ二世 Friedrich II（在位1681-1708）　37, 192, 195
プルーケ Gottfried Plouquet（1716-90）　48, 170
ブルッカー Jacob Brucker（1696-1770）　139, 182
『哲学史』（1742）　182
『哲学史抄説』（1731）　182
フロイト Sigmund Freud（1856-1939）　203
フロベジウス Johann Nicolaus Frobesius（1701-56）　150
『ヴォルフの哲学体系の叙述』（1734）　150
『体系的汎知学，または百科全書の叙述』（1734）　150
ヘーゲル Georg Wilhelm Friedrich Hegel（1770-1831）　8, 31, 41, 49, 53, 62, 75, 188, 190, 197, 200, 224-225
『哲学史講義』（1832-45）　41, 51
ベーコン Francis Bacon（1561-1626）　17, 29, 32, 191
ベーム Andreas Boehm（1720-90）　184
『論理学』（1749）　184
ベッカー Barthasar Bekker（1634-98）　126
ヘルダーリン Friedrich Hölderlin（1770-1843）　197, 225
ホイマン Christoph August Heumann（1681-1764）　183
『哲学の本質と概念』第1巻（1715/16）　183
ボエティウス Boethius（c. 480-524）　85

100
『神秘神学』 91
ズルツァー Johann Georg Sulzer (1720-79) 37
『生活規則』 91
『聖女テレサ伝』 91
ソクラテス Sokrates (B.C. 470-B.C. 399) 9, 75, 130, 145, 191
『ソクラテスの弁明』 75, 130

タ 行

ダルイェス Joachim Georg Darjes (1714-91) 117, 121, 163-165
『形而上学教程』(1750) 117, 121-122
『真理への道』(1755) 164-165
『論理学教程』(1737) 163
ツィマーマン Johann Liborius Zimmermann (1702-34) 158-160, 162
『神・世界・人間の自然的認識』(1730) 159
デカルト René Descartes (1596-1650) 9, 17, 29, 32, 44-45, 47, 49, 155, 191, 204
『哲学原理』(1644) 112
テュミヒ Ludwig Philipp Thümmig (1697-1728) 108-110, 149, 183
『ヴォルフ哲学綱要』(1725) 108-109, 183
テレンティウス Pubkius Terentius (B.C. 195/185-159) 95
トマージウス Christian Thomasius (1655-1728) 28-32, 39, 41, 43-45, 47, 49, 52, 57-58, 62-63, 66, 74, 86, 88, 90, 95-96, 98, 100, 114, 129-136, 139, 145-146, 158-159, 161-162, 168, 172-173, 176, 178-179, 182, 185-186, 191-192
『下級の哲学的・法的論争』(1723) 88-89
『宮廷哲学入門』(1688) 57, 59, 66, 130, 159, 185
『神学的法学綱要』(1688) 178
『政治的英知の構想』(1707) 185
『精選法学論争』(1720) 92-93
『フランス人をいかに模倣するか』(1687) 28
『法学研究註記』(1710) 132, 178
『理性論入門』(1691) 131

ナ 行

ニーウェンティ Bernard Nieuwentyt (1654-1718) 117, 121, 123
『世界の観照の正しき使用』(1727) 117-118
ニーチェ Friedrich Wilhelm Nietzsche (1844-1900) 203

ハ 行

バークレー George Berkeley (1685-1753) 50
バイアー Ján Bayer (1630-74) 126
ハイデガー Martin Heidegger (1889-1976) 203, 225
『存在と時間』(1927) 225
ハイネッキウス Johann Gottlieb Heineccius (1681-1741) 182
『理性的・道徳的哲学綱要』(1728) 182
バウマイスター Friedrich Christian Baumeister (1709-85) 150-153, 183
『哲学的考察の綱要』(1735) 183
『哲学の規定』(1775) 151
『理性的哲学綱要』(1735) 152
バウムガルテン Alexander Gottlieb

1802)　192, 224

カ　行

カント Immanuel Kant（1724-1804）　19, 31, 36-37, 39-41, 43, 48-50, 53, 62-64, 71, 74-75, 82, 125, 139, 153, 158, 169-170, 173, 175-178, 188-190, 192, 197-200, 202, 204, 211-212, 215
「思考における方向定位」（1786）　16, 63
『実践理性批判』（1788）　199
『純粋理性批判』（1781）　62, 125, 169
「諸学部の争い」（1798）　178
キケロ Cicero（B.C. 106-B.C. 43）　131, 152, 168
キルヒャー Athanasius Kircher（1602-80）　57
クセノファネス Xenophanes（B.C. 560頃-B.C. 470頃）　191
クヌッツェン Martin Knutzen（1713-51）　153-155
『合理的・論理的哲学概要』（1747）　154
クルジウス Christian August Crusius（1715-75）　86, 107, 139-140, 143, 145
『人間の認識の確実性と信頼性への道』（1747）　107, 145
『必然的な理性的真理の提示』（1745）　86-87
グロッサー Samuel Grosser（1664-1736）　63, 182
『真の教養への根本的入門』第2巻（1704）　182
『知性のファロス島，あるいは精選論理学』（1697）　63, 65
グロティウス Hugo Grotius（1583-1645）　31
グントリング Nikolausu Hieronymus Gundling（1671-1729）　96, 98, 101, 106-107
『グントリング集成』（1715）　96-97
ケプラー Johannes Kepler（1571-1630）　32
ゲルハルト Ephraim Gerhard（1682-1718）　182
『理性的哲学概論』（1709）　182
ケンメリヒ Dieterich Hermann Kemmerich（1677-1745）　78, 80
『諸学の新設アカデミー』第1巻（1711）　78-79
ゴットシェット Johann Christoph Gottsched（1700-66）　158, 160-162
『全世界知の第一の諸根拠』（1733）　161
コペルニクス Nicolaus Copernicus（1473-1543）　32

サ　行

シェリング Friedrich Wilhelm Joseph von Schelling（1775-1854）　188, 197
シュティープリッツ Johann Friedrich Stiebritz（1707-72）　183
『人間悟性の能力による理性的思考の解明』（1741）　183
シュトレ Gottlieb Stolle（1673-1744）　139, 182, 186
『学問の歴史』第2巻（1718）　182, 186
ジュルビウス Johann Jacob Syrbius（1674-1738）　68, 139, 182
『第一哲学綱要』（1720）　68-69, 182
シルウェステル二世 Silverster II; Gerbertus Aurilacensis（c. 940-1003）

索　引

ア　行

アールヴァルト Peter Ahlwardt (1710-91)　158, 161-162, 184
『哲学入門』(1752)　184
『人間悟性の能力にもとづく思考』(1741)　161
アウグスティヌス Aurelius Augustinus (354-430)　161
アドルノ Theodor W. Adorno (1903-69)　204, 224
『啓蒙の弁証法』(1947)　224
アリストテレス Aristoteles (B.C. 384-B.C. 322)　44, 47, 58, 61-62, 88, 150, 157
『ニコマコス倫理学』　61
ヴァイゼ Christian Weise (1642-1708)　63, 66
『論理学教本』(1680)　66-67
ヴァルヒ Johann Georg Walch (1693-1775)　107, 139-140, 142, 186
『哲学事典』(1726)　140, 186
『哲学入門』(1727)　140
『福音主義的・ルター派教会の宗教論争への手引き』(1724)　107
ヴィーコ Giambattista Vico (1668-1744)　57
ヴォルテール Voltaire (1694-1778)　76
ヴォルフ Christian Wolff (1679-1754)　29, 31, 41, 43, 45-49, 52, 57, 100-101, 106-108, 110, 114-115, 123, 127, 129, 134, 142-161, 163-169, 172-175, 179-180, 183-185
『神・世界・人間の魂，ならびに万象についての理性的考察（ドイツ形而上学）』(1720)　101-102, 166
『合理的哲学，あるいは論理学』(1728)　147
『自然神学』(1736)　148
『自著についての詳細な解説』(1726)　101, 108, 180
『哲学小論集』(1739)　105-106, 127
『ドイツ形而上学への註』(1724)　101, 104
『ドイツ目的論』(1724)　108
『ドイツ論理学』(1712)　127
『人間の行動と振舞いについての理性的考察（ドイツ倫理学）』(1720)　101, 103
『婢ならざる哲学について』(1730)　180
『予備学』(1718)　180
エッシェンバハ Johann Christian Eschenbach (1719-59)　163, 165-166, 184, 186
『論理学，あるいは思考の学』(1756)　165, 186
エルネスティ Johann August Ernesti (1707-81)　185
『確実な学問』(1736)　185
エンゲル Johann Jakob Engel (1711-

《叢書・ウニベルシタス　912》
理性への希望
ドイツ啓蒙主義の思想と図像

2009年5月1日　　初版第1刷発行

ヴェルナー・シュナイダース
村井則夫 訳
発行所　財団法人　法政大学出版局
〒102-0073 東京都千代田区九段北3-2-7
電話03(5214)5540／振替00160-6-95814
製版，印刷　三和印刷／誠製本

Printed in Japan

ISBN978-4-588-00912-9

著　者

ヴェルナー・シュナイダース（Werner Schneiders）
1932年生．1997年までミュンスター大学哲学教授．国際18世紀研究会の会長・委員を務めた．啓蒙主義研究の第一人者として，『宮廷哲学入門』『理性論入門』『道徳論入門』などトマージウスの多くの原典，加えてトマージウス周辺のヴァルヒやミュラーの著作を編集・刊行している（オルム社）．またトマージウス，ヴォルフをめぐる論集の編集，一巻本の事典『啓蒙主義事典』（1995年）の編纂も行っている．著者自身の著作としては，『真の啓蒙』（1974年），『啓蒙主義と偏見批判』（1983年），『啓蒙主義の時代』（1997年），『20世紀のドイツ哲学』（1998年）などがある．

訳　者

村井則夫（むらい・のりお）
1962年生．上智大学大学院博士後期課程満期修了．明星大学人文学部准教授．著書に『ニーチェ——ツァラトゥストラの謎』（中公新書），『ハイデッガーと思索の将来』（共著，理想社），『西洋哲学史再構築試論』（共著，昭和堂）など．翻訳に，ブルーメンベルク『近代の正統性 III』（法政大学出版局），リーゼンフーバー『中世哲学における理性と霊性』（知泉書館），トラバント『フンボルトの言語思想』（平凡社）など．